POR QUÉ CREO EN LA VIDA DESPUÉS DE LA MUERTE

NORMAN VINCENT PEALE

POR QUÉ CREO EN LA VIDA DESPUÉS DE LA MUERTE

grijalbo

POR QUÉ CREO EN LA VIDA DESPUÉS DE LA MUERTE

Título original en inglés: *Life Beyond Death*

Traducción: María Elisa Moreno Canalejas,
    de la edición de
    Zondervan Publishing House,
    Grand Rapids,
    Michigan, 1996

© 1996, The Norman Vincent Peale Trust

D.R. © 1997 por EDITORIAL GRIJALBO, S.A. de C.V.
    Calz. San Bartolo Naucalpan núm. 282
    Argentina Poniente 11230
    Miguel Hidalgo, México, D.F.

ISBN 970-05-0772-6

IMPRESO EN MÉXICO

Índice

Prólogo

Desde 1921, año en que inició su carrera como predicador, hasta su muerte, en la Nochebuena de 1994, Norman Vincent Peale pronunció miles de sermones y discursos, escribió cientos de columnas y artículos para la prensa, e impartió innumerables conferencias y pláticas por radio y televisión. A nivel internacional alcanzó renombre como autor de un gran número de libros populares.

Este material, en su conjunto —gran parte del cual nunca se publicó en forma de libro—, se conserva en el Peale Center for Christian Living, en Pawling, Nueva York. Ello hace posible que su mensaje continúe difundiéndose en formas nuevas y diferentes.

La muerte, la inmortalidad y la vida en el más allá ocuparon un sitio preponderante en sus reflexiones y, desde luego, fueron temas que abordó a menudo en sus colaboraciones para periódicos y revistas.

Todavía me parece ver a Norman predicando los Domingos de Pascua en la iglesia Marble Collegiate en la Quinta Avenida de Nueva York, donde brindó sus servicios durante tantos años —un recinto maravillosamente decorado con lirios blancos que le enviaba un amigo desde las Bermudas—, y citando las que él creía eran las palabras más sublimes y hermosas que se hayan pronunciado: "Yo soy la resurrección y la vida; quien cree en Mí, aunque muera, revivirá. Y todo el que crea en Mí, no morirá jamás".

Esas palabras, así como otras de la Biblia —las cuales adoptó como piedra de toque de su pensamiento—, se repiten constantemente en este libro. Y afrontó la pérdida de seres queridos —abuela, padres, hermanos, amigos— con la certeza de que volvería a verlos.

En las páginas siguientes, Norman describe sus propias experiencias, así como las de muchas otras personas. Creía firmemente en la existencia de vida más allá de la muerte y en el paraíso (si bien esperaba que no tendría que pasar la eternidad tocando el arpa), donde sabía que encontraría a sus seres queridos que estarían esperándolo.

Yo también estoy convencida de la veracidad de estos conceptos y sé que, en alguna parte, Norman me está esperando.

Al darles esta forma a las palabras de Norman, agradezco la ayuda de mi asistente en Peale Center, Sybil Light, quien fungió como secretaria de Norman durante muchos años, y la de Kenneth Giniger, quien fue su editor y publicó sus libros durante toda su vida.

RUTH STAFFORD PEALE
The Hill Farm
Pawling, Nueva York

1

El final de las lágrimas

Una de las aflicciones más profundas que podemos experimentar en este mundo es la muerte de nuestros seres queridos. Es un dolor universal, ya que en todas partes el cortejo fúnebre conduce solemnemente al camposanto. No pasa un día sin que las mentes humanas se planteen con melancolía esta pregunta: "¿Volveremos a encontrarnos con nuestros seres queridos?"

Una noche trágica, hace 48 años, un poderoso buque trasatlántico atravesaba el océano. Era su viaje inaugural. Para la flota de Gran Bretaña representaba un gran orgullo, el barco más grande a flote. Su nombre era *Titanic*. Los festejos proseguían ininterrumpidamente. Las risas y la música se derramaban sobre las aguas iluminadas por las estrellas. Todo el mundo estaba feliz. La magia de la luz plateada de la luna convertía el agua en fosforescencia. Las grandes máquinas palpitaban estables mientras, con las luces resplandecientes, el noble barco se deslizaba a través del mar en calma. Gradualmente, el aire se fue enfriando, pero quienes estaban en cubierta pensaron que sólo era el fresco de una noche de primavera.

De pronto, una masa verde oscuro, de tamaño espeluznante, apareció directamente sobre el curso del barco. Las campanas tañeron en vano. El navegante giró el timón con toda su fuerza, pero ningún poder en la tierra podía detener ese momento o evitar la colisión. No había escape.

Entonces, ocurrieron escenas de heroísmo inmortal. Se demostró una vez más la innata nobleza de los seres humanos que se enfrentan a la eternidad. Las luces del barco se apagaron y sobre las inclinadas cubiertas, cientos de pasajeros guardaron silencio ante los ceremoniosos compases de la banda que tocaba "Más cerca, mi Dios, de Ti". Esta historia, una de las más trágicas de nuestros tiempos, trae a la mente la solemne filosofía de Charles Frohman, quien, en la cubierta del *Lusitania* a punto de hundirse, dijo a un grupo de amigos: "¿Por qué temer a la muerte? La muerte sólo es una hermosa aventura".

A fin de ser competentes en el arte de vivir, debemos conocer algo acerca de la muerte, ya que, aunque parezca extraño, la muerte es un factor importante en la vida. La muerte, creemos, no es más que una etapa de la vida, un cambio hacia una forma diferente de existencia —como un gusano que se convierte en mariposa o una puerta que se abre a una vida más extensa—. En un mundo de prodigios, aumenta rápidamente la posibilidad de vida después de la muerte.

Es notable la actitud dogmática y poco científica que adoptan algunos eruditos en ocasiones. Por ejemplo, el científico británico que hace algunos años dijo: "En la muerte, el espíritu del hombre se extinguirá como la llama de una vela". Desde luego, la pregunta es: ¿cómo lo sabe y dónde está su evidencia? El hecho indudable es que no conoce nada al respecto, ya que, como señaló Shakespeare, está hablando de "el país sin descubrir de cuyas fronteras ningún viajero regresa". Los científicos como él se están quedando atrás, ya que los pensadores más profundos tienden a reubicar el teísmo y el pensamiento más espiritual en el centro de sus explicaciones acerca del universo, y si bien, evidentemente, no lo han probado y tal vez no puedan hacerlo categóricamente, su pensamiento sigue la dirección de la fe en la inmortalidad.

Es natural que tengamos una curiosidad insaciable respecto a la vida después de la muerte. Cuando Henry Thoreau yacía agonizante en Concord, su amigo Parker Pillsbury se sentó a su lado y le dijo: "Henry, ahora que estás tan cerca de la frontera, ¿puedes ver algo en el otro lado?" A lo cual, Thoreau, con una débil sonrisa, respondió: "Un mundo a la vez, Parker". Esto pudo ser satisfactorio para la mente admirable del sabio de Walden Pond, pero los hombres inquieren con vehemencia acerca de esa otra tierra a la que se han ido sus seres amados. Los han visto hundirse como barcos y desaparecer en el fondo de la bahía. Se han puesto de pie y advertido cómo navegan hasta lo desconocido y se han preguntado: "¿Volveremos a encontrar a nuestros seres queridos?" Este deseo es muy normal. En el largo transcurso de los años, las vidas humanas se unen. El sonido de una voz se vuelve precioso, el contacto de una mano, la presión de un paso, la presencia silenciosa son una bendición. He aquí a un hombre y una mujer, compañeros amados de un largo viaje. ¿Se encontrarán nuevamente? He aquí también a madre y padre, hijos e hijas, unidos en la tierna relación de una familia. La madre y el padre envejecen y se desvanecen en el polvo, dejando congoja y una sensación de soledad y nostalgia en los corazones de los hijos, donde permanecerán todo el tiempo que dure la vida. ¿Verán otra vez esos queridos rostros en algún país más feliz?

En este mundo no existe nada tan inexorable como el tiempo. "En todo nuestro alrededor vemos cambio y decadencia." Nada permanece igual. Recientemente visité un pequeño pueblo de Ohio donde, cuando era niño, pasé muchos veranos felices en el hogar de mis abuelos. Recorrí las viejas calles conocidas y vi que las casas, grandes ante mis ojos entonces infantiles, eran ahora pequeñas e insignificantes, además contemplé solemnemente las evidencias de cambio en todas partes. Eché de menos a muchas personas que una vez fueron ciudadanos prominentes del lugar, pero que se habían unido a la caravana siempre en movimiento e innumerable que había desaparecido en el ocaso. Muchas a quienes había conocido en la flor de su vida estaban ahora debilitadas y agobiadas por el peso de los años.

Finalmente, llegué al hogar de una tía muy querida, donde había jugado con mis primos y mis hermanos en días del pasado lejano. Visité el anticuado granero, para mí felizmente sin cambios, y el depósito del heno, una vez un lugar de misterio. Atravesé la cocina y llegué a una despensa donde los chicos con apetito nunca dejábamos de encontrar las galletas más deliciosas del estado de Ohio, siempre esperándonos en una vasija convenientemente situada. Pero las manos que las hicieron y la voz que cantaba acerca de su trabajo habían desaparecido, y el lugar estaba triste y extrañamente vacío. ¿Qué es una casa cuando ya están ausentes las queridas personas que la convirtieron en un hogar?

No obstante, el punto cumbre de mi visita consistió en que cuando di vuelta a la esquina de la casa, encontré para mi deleite que aún estaba ahí algo que había estado buscando. Era un columpio anticuado, con asientos opuestos y hecho de metal. Recuerdo muy bien cuando, brillante y lustroso, lo colocaron por primera vez. Los chicos jugábamos ahí al ferrocarril. Yo siempre quería ser el conductor para que pudiese recoger el dinero —sólo que no era dinero, sino botones, me parece—. Eso fue hace mucho tiempo. Ahora el viejo columpio ya no lo es. La plataforma se rompió y descansa en el suelo. Ya no está brillante y lustroso, sino oxidado y endeble. Con sólo tocarlo se bamboleaba precariamente. El tiempo, reflexioné, ha hecho esto —el tiempo, el cual vuelve viejo y frágil todo lo que toca—. El tiempo, el cual causa estos estragos en las cosas, también actúa en las personas, y, una por una, supe que aquellos a quienes amaba me abandonarían algún día.

   ¿Es éste el final de nuestras relaciones felices? En todas partes la pregunta se introduce en nuestras mentes con una conmovedora melancolía. "¿Encontraremos a nuestros seres queridos después de la muerte?" Yo creo que los encontraremos; estoy seguro de que así será. En mi pensamiento, no existe sombra de duda al respecto, pero no lo puedo probar a las mentes escépticas. No lo puedo probar, como tampoco lo puede refutar ninguna otra persona. Algo así no es posible comprobarlo como lo hacemos con un diagrama en geometría o un caso de leyes. No existe un método por medio del cual se pueda probar o refutar. Una verdad como ésta se conoce por fe, sencillamente. Algo la susurra en nuestros corazones en la forma de una intuición o convicción profunda. Yo podría, desde luego, elaborar una base filosófica satisfactoria para mi fe, y sería un sistema de lógica tan sólido como el que cualquier otro pudiese trazar en contra; más aún, estoy seguro. La lógica es convincente para mí, pero si tuviese que aceptarlo basado únicamente en la lógica fría, significaría muy poco. Como dijo James Martineau: "No creemos en la inmortalidad porque no podemos probarla, pero tratamos de probarla porque no podemos evitar el creer en ella".

   No es mi propósito intentar probar la tesis de inmortalidad; sólo manifestar mi fe. Yo creo en la inmortalidad con una convicción firme e imperturbable. Creo que cuando mis seres queridos recorran el camino hacia el gran más allá, los veré de nuevo. Creo que hay un final a las lágrimas.

   Sólo ustedes se pueden convencer a sí mismos de la inmortalidad, ya que no es una demostración o una proposición. Es, y debe ser siempre, una profunda convicción o instinto. "La fe en la inmortalidad", dice Horace Bushnell, "depende de un sentido engendrado de ella y no de un argumento concluyente al respecto".

Sin embargo, puedo decirles cómo profundizar su fe. Son dos cosas las que deben hacer: la primera es mirar profundamente en el alma del hombre —no del hombre que parece ser, sino del hombre que es en su corazón—; la segunda es acercarse al corazón de Dios. Cuando uno examina el corazón humano de cerca, percibe una grandeza y una bondad fundamentales. La observación superficial del hombre hace aparentes sus muchas imperfecciones, pero un estudio más profundo revela una grandeza, sobre la cual Emmanuel Kant dijo que lo llenaba con una admiración y respeto constantemente crecientes, y así comparaba el valor interno del hombre con la gloria de los cielos estrellados.

Es indudable, también, que ningún escritor conoció a los hombres con un instinto tan certero como lo hizo Shakespeare. El Bardo de Avon es el supremo genio literario del mundo por su extraordinario conocimiento del hombre. Nos dice: "¡Qué obra de arte es un hombre! ¡Cuán noble en razón! ¡Cuán infinito en facultad! ¡En forma y movimiento, cuán explícito y admirable! ¡En acción, cuán semejante a un ángel! ¡En percepción, cuán parecido a un dios; la belleza del mundo! ¡El dechado de los animales!"

Si miramos al hombre de esta forma, con seguridad estaremos de acuerdo con John Oxenham:

> En cada alma de toda la humanidad
> algo de Cristo encuentro,
> algo de Cristo —y de ti—;
> ya que en cada una habita sin duda
> ese algo que anuncia con seguridad
> de la vida la inmortalidad.

La segunda forma de obtener el sentido de inmortalidad en nuestra alma consiste en elevarnos y acercarnos al corazón de Dios. Cuando las negativas severas, las dudas serias, el temor a la muerte, el temor a perder a los seres queridos envuelvan el alma de ustedes como niebla sombría, acérquense al corazón de Dios, eleven su mirada a Su rostro y sabrán.

Hace mucho tiempo, cuando yo era pequeño, me encontraba con mi padre y mi madre en el río Ohio a bordo de *The Island Queen*, un viejo bote que arribaba de noche a su muelle. Era una noche tormentosa y había cierta confusión, de modo que el bote no podía situarse en el embarcadero; ello provocó un estado muy cercano al pánico entre los pasajeros. El tenso ambiente, las nubes de tormenta, los relámpagos, todo se combinó para despertar el temor en el corazón de un niño. Miré por un lado de la nave —la oscuridad, las aguas arremolinadas— y tuve miedo. Incluso ahora puedo recordar con profundo alivio, que me apreté contra un costado de mi padre y alcé la vista para encontrar su rostro; él me sonrió confiadamente y ya no tuve miedo. De forma similar, cuando nuestra pequeña nave surca el tormentoso mar de la vida y cuando sentimos la bruma en nuestros rostros y sabemos que nos estamos acercando al lugar, como Robert Browning en "Paracelso", se podría decir:

> Si sucumbo
> en inmenso y oscuro mar de niebla,
> es tan sólo por un tiempo; ciño la lámpara de Dios
> contra mi pecho; tarde o temprano su esplendor
> cruzará las sombras, y al fin emergeré un día.

Así como el piloto veterano puede oír el sonido lejano de campanas por encima de la tormenta, lo cual otros no pueden percibir, aquel que conoce los caminos de Dios y el hombre puede captar indicios de litorales eternos.

Por lo tanto, aquel que ha mirado profundamente el corazón del hombre y el de Dios tal vez no pueda, es verdad, comprender todo, pero ha percibido reflejos, presagios, señales de inmortalidad. No tiene caso, en razón de que es inútil, enfocar esta cuestión científicamente. En primer lugar, está fuera del campo de la ciencia; es un concepto "más allá de la ciencia". Está más allá de la ciencia porque ésta sólo se ocupa de los hechos del mundo físico que pueden medirse, pesarse, observarse minuciosamente y clasificarse. El tema de la inmortalidad no pertenece a las ciencias naturales sino a la filosofía y a la religión. Más aún, las consideraciones científicas en pro o en contra de la creencia en la inmortalidad carecen prácticamente de significado. Asimismo, no se le debe prestar mayor consideración a las refutaciones científicas respecto a la inmortalidad, ya que generalmente no valen el papel en que fueron escritas. El hecho, llano y sencillo, es que la ciencia no tiene datos.

Cuando planteamos este tema desde el punto de vista puramente científico, lo mejor que podemos hacer es poner en la balanza un conjunto de evidencias contra otro y después deducir lo más acertado, lo cual, desde luego, nos conduce instantáneamente de regreso a la región de la fe. Sería conveniente recordar que la ciencia misma depende de indicios, inspiraciones, incluso fe, ya que, como nos dijo hace tiempo lord Kelvin, cuando el científico llega al final de la demostración, debe dar lo que Kelvin llamó un salto mortal para arribar finalmente a la verdad. Por lo tanto, si en una investigación científica el destello de indicaciones es lo que guía al científico, de igual modo en este campo tenemos confianza en la validez y exactitud de nuestras indicaciones de inmortalidad. Por consiguiente, James Russell Lowell, en "The Cathedral", se ocupa de una doctrina bien fundada cuando exclama: "Algunas veces tenemos señales claras de rango más amplio, indicios de ocasiones infinitas".

Personas notables que han sentido indicaciones de inmortalidad confirman su validez. Las mentes más brillantes y las almas más sensibles entre nosotros han seguido este instinto de inmortalidad con la fe de un niño. John Morley hace un ademán de galante despedida cuando concluye de esta manera su *Book of Recollections*: "Para mi hogar y en el crepúsculo que cae". ¿A qué hogar se refería? Sin duda a ningún otro que al prometido por Jesús: "Voy a preparar un lugar para vosotros".

Alfred Tennyson, una de las más refinadas almas de nuestra cultura anglosajona, clama en la fe:

> Tú no nos abandonarás en el polvo;
> tú hiciste al hombre —aunque él no sabe por qué—,
> y piensa que no fue hecho para morir.
> Pero tú lo has hecho, y tú eres justo.

Robert Louis Stevenson, ese espíritu alegre y eternamente juvenil, a pesar de la prolongada batalla por su salud, espera el toque de la muerte en una isla del Pacífico con estas valientes palabras:

> La brisa de la tierra embalsamada
> sopla de repente hacia la playa
> y toca a la puerta de mi cabaña.
> Escucho la llamada, Señor.
>   Comprendo;
> bajo tu mando, la noche se instala;
> comeré y dormiré, y no dudaré más.

¿Se equivocaron estas mentes portentosas? ¿Es posible que ellos e incontables —si bien menos famosos— hombres y mujeres se hayan engañado? ¿Pueden ser falsas las elevadas intuiciones de estos espíritus sensibles? ¿Como Job, quién entre nosotros no ha clamado: "Si un hombre muere, vivirá otra vez"?

Consideramos los argumentos en pro y en contra; pesamos la evidencia y exploramos el horizonte de los años, y aún estamos insatisfechos. Entonces, por fin, en las regiones de la fe, repicando claramente como las notas de una campana de plata, oímos una voz vibrante, con autoridad, la voz de Jesús: "Si *no* fuese así, Yo os lo hubiese dicho". De este modo, podemos creer que las intuiciones más profundas y la fe más honda del alma humana en sus momentos de luminosa introspección no nos traicionarán. La indicación de inmortalidad encuentra una base definitiva en dos hechos: lo que es Dios y lo que es el hombre. Funda su validez en el valor de éste y en el carácter de Dios. ¿Cuáles son los valores en la vida humana que le dan el indicio de eternidad?

Primero, está la atracción del hombre por la belleza que lo conmueve y emociona con un encanto irresistible. Lo vuelve consciente de una belleza interna.

El hombre, por ejemplo, mira a su alrededor desde la cima del Monte Shasta en una mañana despejada, cuando el gran cono de la montaña destaca sobre las laderas arboladas de California, su manto de nieve de armiño brillando como miríadas de diamantes en la luz solar, sus cascadas brotando a borbotones como joyas chispeantes en el gran valle vertiginoso, los ríos susurrantes enderezando su camino hacia el mar. Aquí ve y oye y está consciente de la inmensidad y limpieza del mundo. Convoca a una grandeza y limpieza de su propio corazón. Se coloca en la antesala del Gran Cañón en el vigorizante aire de las mesetas de Arizona y observa los brillantes colores de oro y rojo y escarlata que se fusionan en las misteriosas sombras hasta que el crepúsculo púrpura cubre suavemente las torres, las cúpulas y los minaretes del inmenso abismo. Cuando el hombre permanece en medio de ese potente silencio, donde la naturaleza delante de sus propios ojos esculpe su historia en las rocas, su sensación es tan honda que le causa un respeto reverencial —una profunda afinidad entre el mundo secular y su propia alma—. Deambula por un bosque, escuchando un sinfín de sonidos de vida, consciente del toque reparador de la naturaleza. Se sienta bajo un árbol y observa la luz del sol que se esparce entre las ramas hasta llegar a la tierra oscura bajo ellas y, al igual que Wordsworth en la abadía Tintern, no sólo siente una Presencia que lo inquieta con la alegría del pensamiento elevado, sino también algo más profundo que ondula entre todas las cosas y, finalmente, encuentra el reposo en su propia alma.

Otro valor en el hombre que sugiere la inmortalidad es su respuesta al ideal, a la bondad. Phillips Brooks dijo una vez una frase muy acertada: "Tenemos una obsesión por la vida ideal; está en nuestra sangre y nunca estará inmóvil". Es posible que el hombre no siga la vida ideal y tal vez no ceda a sus impulsos, pero no puede escapar de su constante resurgimiento en su alma. ¿Debido a que está ahí y persiste para siempre, no podríamos concluir que es fundamental en cualquier caracterización que elaboremos de la vida humana?

La capacidad del hombre para la introspección y la intuición también corrobora su inmortalidad. La intuición se puede definir como ese conocimiento que está por encima de la razón. Es la facultad más elevada del hombre y alcanza hasta donde la razón no puede llegar. Es una cualidad más temprana que el proceso intelectual y, por lo tanto, más perentoria y decisiva. La validez de las intuiciones fue reconocida por el gran pensador Henri Bergson. "Aparte del intelecto", dijo, "es necesaria alguna otra facultad para la comprensión de la realidad". De igual forma, Ralph Waldo Emerson apoya el derecho que tienen las intuiciones a gozar de nuestro respeto:

"Cuando Dios quiere convencer a sus hijos sobre un punto, planta su argumento en los instintos".

Una vez, dos, tal vez tres veces en una vida, bajo cierto estrés o aflicción, agudizando nuestros oídos, escuchamos una voz alentadora, y, entornando los ojos, vemos indicaciones de una inmortalidad futura. El corazón cristiano cree que si no existieran estas intuiciones e instintos, Él nos lo hubiese dicho. Fundamos nuestra fe en la inmortalidad en razón de la confiabilidad de Jesús. Él conocía nuestros anhelos y comprendía nuestras intuiciones. Si no existiera una realidad objetiva en la dirección a que apuntan, Él nos lo hubiese dicho. Por el contrario, si bien no explicó la vida después de la muerte, nos dio una sublime esperanza diciéndonos que nuestras intuiciones son fidedignas: "Si no fuese así, Yo os lo hubiese dicho".

La segunda gran indicación de inmortalidad se encuentra en el carácter de Dios. Creemos que nuestra alma no fue hecha para ser destruida sino para una vida perdurable debido a lo que es Dios aparentemente. Creemos que Él es inteligente, y en todas partes del universo hay evidencias en apoyo de esa idea. El sello de la inteligencia son la ley y el orden y la precisión perfecta. Aquí tenemos un gran rascacielos que se eleva 50, 60, 70 pisos sobre la calle. Está construido hasta en una fracción de pulgada conforme a la ley. ¿Acaso no seríamos muy tontos si dijéramos que este gran universo, infinitamente más intrincado y complicado que cualquier estructura hecha por el hombre, fue creado sin inteligencia personal?

Más aún, cualquier persona con inteligencia reconocerá un artículo de valor intrínseco y se convertirá en un custodio de valores. Si una persona es derrochadora o destructiva o descuidada incluso, ponemos en duda su capacidad intelectual. Por eso, algunas veces comentamos desdeñosamente que el tonto y su dinero nunca permanecen juntos mucho tiempo.

Observen los valores que Dios ha creado. Ha hecho hombres como Shakespeare, Milton, Aristóteles, Sócrates, Lincoln, y una multitud de otros menos conocidos pero cuyas personalidades han sido radiantes y sus esfuerzos, creativos. ¿Sería el sello de la inteligencia permitir la destrucción de esa maravillosa creación al finalizar los 70 años? La sola idea es inconcebible. No, Emerson está en lo correcto: "Lo que es excelente, como Dios vive, es permanente" —en una casa, en un mundo, o en una vida.

Consideramos a Dios como un Padre, amoroso y justo. Eso es lo que Jesús dijo que Él es, y debido a Jesús, con Su bondad y espíritu de sacrificio, Su belleza de vida, creemos que Dios es así. ¿Podría un padre rechazar a sus hijos? No obstante, se podría plantear este dilema: reparemos en el dolor y la pena en el mundo. ¿Dios, como un Padre, permitiría que Sus hijos sufrieran de este modo? Pienso en mi propio padre. Él me amaba; habría dado su vida por mí; sacrificó muchas cosas por mí, pero recuerdo una habitación donde él y yo acostumbrábamos retirarnos en ocasiones, y ahí practicaba el rigor con sus manos de una manera nada eclesiástica, y terminaba con la antigua excusa paterna de que a él le dolía más que a mí. Yo necesitaba esa disciplina paterna, o hubiese llegado a una edad adulta débil con sólo una apreciación parcial de los valores de la disciplina en la vida. Pero recuerdo otras veces, muchas de ellas, cuando mi padre con amor y ternura colocaba su mano sobre mi cabeza o sus brazos protectores a mi alrededor.

Por lo tanto, cuando uno se convierte en hombre, no es más que un niño que creció hasta ser más grande, y cuando el Gran Padre del universo lo disciplina, por supuesto que no llegará a la conclusión de que el amor no existe. El sereno amor de Dios nos conduce finalmente de vuelta a ese gran texto con el cual podemos reafirmarnos respecto a la inmortalidad personal: "Si no fuese así, Yo os lo hubiese dicho".

Por eso les estoy pidiendo que no sigan un argumento intrincado y razonado, sino que tengan fe —una fe como la de
un niño pequeño que cree que nada es demasiado bueno para
ser verdad—. John Greenleaf Whittier dio expresión a esta fe:

Oh, el amor soñará y la fe confiará,
pues el que conoce nuestras necesidades es justo:
en alguna forma, en alguna parte, tendremos que encontrarnos.
Ay de aquel que nunca ve
las estrellas refulgir por entre los cipreses,
del que sepulta a su muerto sin esperanza,
ni se percata del día que se abre paso
y sobre los mármoles mortuorios juega;
de aquel que no aprendió en horas de fe
esta verdad —desconocida para el sentido y la carne—:
la vida siempre es Señor de la Muerte
y el amor no puede nunca abandonar a los suyos.

Recordemos esas palabras de la Biblia: "Si no fuese así, Yo os lo
hubiese dicho". Confíen en ese instinto que surge de su corazón,
que señala que en alguna parte, en alguna forma, encontrarán
de nuevo a sus seres queridos en una tierra aún más hermosa
que el día, donde no existen aflicción ni sufrimiento, donde
"Dios enjugará todas las lágrimas de sus ojos".

2

La senda hacia mayores glorias

"Uno de los aspectos más fascinantes de los seres humanos es nuestro poder para quedar fascinados." Esta aguda observación acerca de la naturaleza humana proviene del famoso psiquia-tra Sigmund Freud. Incluso en esta época refinada y llena de hastío, los hombres conservan la capacidad para fascinarse. Nuestra última demostración de ello es lo que experimentamos por el espacio exterior, el cual nos mantiene embelesados.

No obstante, Freud se refería —lo cual es fundamental— a la aptitud de la humanidad para fascinarse con el espacio interior, esa área inmensa dentro de uno mismo cuando descubre a Dios, a Cristo y a la inmortalidad donde permanece maravillado, por así decirlo, ante los misterios de la vida y de la muerte.

Ha pasado mucho tiempo desde que desapareció de la escena estadounidense uno de los industriales más destacados de todos los tiempos, un gran caballero cristiano, Alfred P. Sloan junior, fundador de la General Motors Corporation. Unos cuantos años antes de su fallecimiento, murió su esposa, a quien él idolatraba, y el señor Sloan seguía inconsolable. Yo lo conocía superficialmen-te, y en una ocasión me preguntó si podría ir a visitarlo. Fui al departamento de este hombre extraordinario en la Quinta Avenida y se me hizo pasar a la sala. Ahí estaba él, su rostro como un risco de granito, fuerte, áspero. Sabía que era el constructor de una de las industrias gigantes de este país y que la suya era una de las mentes organizativas y científicas más brillantes. Se decía que el señor Sloan había basado su vida en los siguientes principios:

- Llegue a los hechos.
- Reconozca el derecho de propiedad de todos los interesados.
- Comprenda la necesidad de realizar un mejor trabajo cada día.
- Mantenga la mente abierta y trabaje duro.
- Lo último es lo más importante de todo. No hay atajos para eso.

Fijó sus penetrantes ojos en mí e inició la conversación así:

—Quiero hacerle una pregunta y quiero una respuesta directa, no una evasión. Y, por favor, que la respuesta sea *sí* o *no*, basada en hechos.

—Contestaré a su pregunta, señor Sloan, si conozco la respuesta —repliqué.

—Mi querida esposa ha muerto. Ella significaba todo para mí —y, por cierto, es curioso que un hombre tan fuerte, un carácter tan dominante, pudiese ser como un niño, tan dependiente de su esposa. Era revelador, conmovedor, humano—. Ella significaba todo para mí. Lo que quiero que me diga es esto: ¿La volveré a ver de nuevo?

Lo miré directamente y dije:

—La respuesta es *sí*.

—Sabía que diría que sí —dijo—. Yo también creo que sí.

Se sentó y conversó conmigo. Ahora puedo contar esto, ya que se ha ido al reino celestial. Esa tarde habló de lo que Cristo significaba para él. Aún recuerdo sus palabras: "Jesucristo siempre me ha fascinado. Nunca ha habido nadie como Él."

Ahora hablemos de mi tío Will. Siempre lo quise mucho. Era petrolero en Texas y, también, muy exitoso. Bastante popular —un carácter fuerte y un corazón tan grande como una casa—, era el único miembro de la familia Peale que no trataba de actuar como religioso. Lo era, pero no actuaba de esa forma. Mi tío Will murió en Nueva York hace algunos años de cáncer en la laringe. En su tiempo había tenido una voz magnífica. En una ocasión lo oí hablar sin micrófono ante 40 mil personas. Y lo oyeron hasta en la última fila, en el exterior. Una voz tremenda. Sin embargo, le iban a extirpar la laringe. Nunca volvería a oír su voz natural. Me situé a un lado de su cama y le dije:

—Tío Will, quiero que sepas que no podría admirar a ningún ser humano más de lo que te admiro a ti. Tú eres un hombre.

Me miró y preguntó:

—¿No es eso lo que se supone que somos?

—Pero tú tienes fuerza. ¿De dónde la obtienes?

—Norman, la obtengo del Dios del que has estado hablando todos estos años.

—¿Quieres decir que Dios está cerca de ti?

—No podría soportar esto a menos que estuviera —tras una pausa añadió—: Reza conmigo. No quiero ninguno de esos predicadores que están de moda, con una serie de palabras afectadas. Ahora, háblale a Jesús como la abuela acostumbraba hacerlo —su madre, mi abuela, era una mujer religiosa, chapada a la antigua, muy chapada a la antigua—. ¿Puedes hablarle a Jesús ahora —preguntó— como ella lo hacía?

—Lo intentaré —dije. Coloqué mi mano sobre su cabeza y oré a Jesús como hubiese orado la abuela. Y bajé la vista para mirarlo. No era la clase de hombre con quien uno se pone sentimental. Pero él me miró con una expresión gloriosa que dominaba su rostro. Me incliné y lo besé en la mejilla. Nunca hubiese pensado hacer algo así en otro tiempo.

—Saldré bien de esto porque Dios está conmigo —aseveró.

Como verán, mi tío Will estaba fascinado con Jesús y conocía a Dios.

Es posible que incluso la gente que dijo que Dios está muerto lo haya dicho con una indescriptible fascinación. No pueden escapar de Él. Lo han perdido, pero aún siguen extendiendo la mano hacia Él, ya que ellos, también, tienen el poder para fascinarse.

Con frecuencia pienso en el poema de Francis Thompson llamado "The Hound of Heaven".

> Huí de Él durante las noches y los días;
> huí de Él bajo los arcos de los años;
> huí de Él por los caminos laberínticos
> de mi propia mente; y en una bruma de lágrimas
> me escondí de Él, bajo risas en cascada.
>
> Esperanzas como espejismo en alto, me apresuré
> e impulsivo, me precipité
> en titánicas penumbras de temores abismales,
> de esos fuertes Pies que seguían, seguían atrás.
>
> Pero en una persecución pausada,
> y paso impávido,
> prontitud deliberada, cercanía majestuosa.
>
> Derrotan ellos —y una Voz derrota,
> más inmediata que los Pies—.
> "Todas las cosas te traicionan, a ti que me
> traicionaste."

Los hombres están fascinados con Él, porque Él es la esencia de la vida misma. Y cuando lo perdemos, estamos perdidos indudablemente.

Jesús dijo: "Porque yo vivo, vosotros también viviréis". Algunas veces separamos el tiempo y la eternidad, como si fuesen dos segmentos aislados. Pero ahora estamos en la eternidad; por lo tanto, si ahora tenemos vida, tenemos vida eterna.

Hace algún tiempo falleció un amigo mío. Su nombre era Kobayashi. Era japonés y uno de los seres humanos más encantadores que haya conocido en toda mi vida. Su esposa me envió un cablegrama: "Kobay se ha ido a su hogar en la gloria". Y yo le contesté con otro cable diciéndole el gran cariño que sentía por él. Kobay era fabricante de textiles, educado en Estados Unidos, hablaba muy buen inglés y era vicepresidente internacional del Club de Rotarios mundial —el primer oriental, después de la Guerra Mundial, a quien se le otorgaba ese honor.

Me encontraba en Japón poco después de terminar la guerra. Durante mi estancia, mi esposa, Ruth, la esposa de Kobayashi, Chizu, él y yo fuimos juntos a un sitio maravilloso llamado Miyanoshita, los manantiales calientes de Japón. Pasamos varios días ahí. Una noche, en el comedor del hotel, me disponía a firmar la nota de consumo por la cena. Las habitaciones no tenían números sino nombres de flores. La que yo ocupaba era "Chrysanthemum", y quería escribir "habitación Chrysanthemum" en la nota. Pero no sabía cómo se deletreaba puesto que era una palabra en latín. Pregunté:

—¿Kobay, cómo se deletrea Chrysanthemum?

—No lo sé —respondió—. ¿Por qué no usas la palabra japonesa?

—¿Cuál es?

—Kiku, k-i-k-u.

Esa palabra me agradó mucho más y firmé todas mis notas en esa forma durante toda nuestra estancia. Estábamos pasando un tiempo maravilloso juntos. Esa noche, en el comedor, con una luna llena que brillaba sobre las colinas, empezamos a conversar sobre temas que se podrían considerar profundos. En determinado momento les pregunté si tenían otro hijo.

—Sí —expresó—. Murió en las Filipinas.

En el trayecto a Japón, mi esposa y yo visitamos las Filipinas, donde vimos el hermoso cementerio estadounidense, con la bandera de Estados Unidos ondeando sobre los muertos reverenciados.

—¿Dónde está enterrado tu hijo, Kobay? —pregunté.

—No lo sabemos. Pensamos que en una tumba sin nombre, ya que estaba combatiendo contra el ejército de Estados Unidos.

—Lo sé.

—Era un muchacho cristiano; se negaba a participar en la guerra. Pero su emperador le ordenó que lo hiciera. Era patriota y obedeció, al igual que lo hicieron tantos jóvenes estadounidenses.

—La noche anterior a su partida —dijo Chizu— le di una pequeña Biblia. Le dije: "Cariño, lleva a Jesús contigo". Y él me respondió: "Madre, no iría sin Jesús". Ahora sé que lo alcanzaron los disparos en un camino y cayó en una zanja. La Biblia estaba en su bolsillo y murió en Jesús.

Coloqué mi mano sobre la de Chizu y Kobay puso la suya sobre la mía. Ruth colocó su mano sobre la de Kobay. Y permanecimos sentados, antes enemigos, hermanos en Cristo, con un sentido de dedicación y compañerismo que se sentía profundamente. Saludo la memoria de Kobay, un cristiano glorioso de otra raza, con quien crucé mi camino en el puente del Cristo eterno.

Definitivamente, la vida eterna está vinculada con la vida en el mundo. La vida en este mundo es vital, vibrante y creativa.

Cristo vino a darnos vida no sólo eternamente, sino aquí y ahora también. "Porque yo vivo", dijo, "vosotros también viviréis".

El día siguiente a la Pascua me encontraba en el centro, en el distrito financiero con un amigo. En el ascensor, camino a la calle, me dijo:

—No fui a la iglesia ayer, Norman.

—¿Por qué no? —le pregunté.

—Bueno, sabes que murió mi hijo. Y no pude soportarlo. Fui al cementerio para estar con él —podía percibir que este hombre sentía dolor en las mismas profundidades de su ser.

—Sé cómo te sientes, George. Pero podría decirte que tu hijo no está en ese cementerio. Ahí sólo están los restos mortales de tu maravilloso hijo.

—¿Dónde está entonces? —inquirió.

—Está junto a ti ahora mismo, porque tú lo amabas, ¿no es así? Él también te quería, y ambos estaban en Cristo. No se encuentra en el cementerio.

Caminamos varias calles antes de que mi amigo pudiera decir algo más. Después señaló:

—Gracias por recordármelo.

Cuando se van nuestros seres queridos enterramos sus cuerpos físicos, los cuales ya no son necesarios, como ropas desgastadas. Pero en el momento de la muerte, la *persona* se libera en un cuerpo celestial.

Recuerdo cuando murió mi querida madre en un pequeño pueblo en la parte septentrional del estado de Nueva York. Llevamos su cuerpo de regreso a Ohio para el funeral. En el viaje tuvimos que cambiar de tren en Búfalo. Cuando caminaba por la plataforma vi en un camión el contorno indefinido de una caja. Me acerqué, casi temiendo leer las palabras del rótulo. Decía: "Restos de Anna Peale". Era una exposición un tanto cruda, y es posible que me haya parecido repulsiva.

No obstante, cuanto más pensaba en ella, tanto más me transmitía un glorioso mensaje: lo que estaba en esa caja solamente era una forma física que yo amaba y mis hermanos amaban y mi padre amaba y muchos otros también. Pero en sí, mi madre no estaba ahí. Y cuando salí del cementerio en Lynchburg, Ohio, después de dejar su cuerpo, cruzaron por mi mente estas palabras del Evangelio según Lucas: "¿Por qué buscas a los vivos entre los muertos?"

En este mundo de mortalidad llega el mensaje glorioso de que cuando termina aquí la vida mortal en Cristo, se abren mayores glorias de las que pudimos haber soñado, donde no hay énfasis en el deterioro y la muerte, sino sólo en la vida y la esperanza.

3

Nunca morimos

Generalmente me ocupo de problemas personales que afectan a los seres humanos en su vida diaria. Ahora voy a tratar un tema de mucha importancia —tanta, que lo abordo con considerable inquietud—: la enunciación de que podemos vivir eternamente.

Me pregunto cuál sería la reacción de ustedes si yo declarara que por fin se ha determinado definitivamente que las personas no mueren. Sin embargo, desde los púlpitos cristianos subrayamos este concepto durante 20 largos siglos. Hasta hace poco, un eminente científico, de pie en la plataforma del ayuntamiento de la ciudad de Nueva York, expuso lo siguiente: "De conformidad con los estándares mínimos de la ciencia, estamos preparados para declarar que se ha probado la teoría del alma". Esta afirmación se puede considerar fundamentalmente como la declaración científica más grandiosa del siglo XX.

Cuando empecé a predicar en 1921, sentía que tenía que defender el mensaje de Pascua frente a los científicos, ya que muchos de ellos habían despedido a Dios del universo, con el argumento de que ya había cumplido con Su función. Sin embargo, ahora los ministros ya no estamos a la defensiva. La ciencia y la religión han unido fuerzas para defender el mensaje de Pascua contra los pensadores anticuados.

Dentro de todos nosotros existe un profundo deseo de creer que, cuando fallecemos, el alma no muere. La Biblia nos ha asegurado que así es, y nosotros, los que pertenecemos al clero, hemos sostenido con fe esa convicción a través de los siglos. Ahora la ciencia se une a nosotros en esa creencia. Estoy convencido de que un día estarán de acuerdo en que son ciertas todas las palabras de Jesús, que Su verdad es el principio y el final de toda la sabiduría.

¿Cómo adquirió la ciencia el nuevo conocimiento? Hace cerca de cien años, científicos eminentes, entre ellos A. R. Wallace, cuya obra es análoga a *El origen de las especies* de Darwin; F. W. H. Myers, y los estadounidenses Josiah Royce y William James iniciaron investigaciones acerca de la naturaleza de la psique humana. Entonces se desarrolló la ciencia de la psicología, la cual, por definición, significa el estudio del alma humana. Sin embargo, en sus inicios esta ciencia sólo se ocupaba de factores materiales, como la conducta. En oposición a los conductistas, hombres como James y Royce incorporaron en sus estudios todo el campo del pensamiento.

Damos la bienvenida al apoyo de la verdad espiritual que nos brindan los científicos de nuestros tiempos. No obstante, las personas de otras épocas han conocido en sus experiencias más profundas la existencia de elementos espirituales. Si han leído el libro de Charles Lindbergh, *El espíritu del Saint Louis*, recordarán su lucha contra el sueño mientras piloteaba su avión a través de las enormes distancias sobre el océano. Combatió con el cuerpo y con la mente contra el abrumador apremio de dormir. Y nos dice que, mientras contendía, se dio cuenta de que una tercera parte de él mismo era indomable e indestructible. Esa tercera parte rondaba alrededor de su mente y cuerpo, cuidándolos, fortaleciéndolos. Ese tercer elemento es el que ahora la ciencia afirma que se ha comprobado que es indestructible: el alma inmortal.

Los científicos empezaron sus primeros experimentos investigando la creencia de que los muertos regresaban para tomar parte en el estado de existencia de los vivos. El primer caso de esa clase que recibió atención en Estados Unidos se relacionaba con un hombre llamado Chaffin, quien murió en Carolina del Norte en 1921. En 1905 redactó su testamento para dejar sus propiedades a Marshall, el más joven de sus hijos. La familia estaba molesta, ya que pensaba que los bienes debían pertenecer a James, el hijo mayor. Una noche, el segundo hijo, John, tuvo un sueño en el cual se le apareció su padre con el mismo abrigo largo y negro que usó durante más de 10 años y el cual se consideraba como parte integral de él. En el sueño, el padre abría el abrigo y señalaba al bolsillo interior. John se despertó con un sudor frío. Recordó que James tenía ahora el abrigo. Viajó a la casa de su hermano, a más de 30 kilómetros de distancia, y le contó su sueño. La esposa de James sacó el abrigo y, con dedos temblorosos, John lo desdobló y descubrió que el bolsillo interior estaba cosido. Rasgó la costura y encontró un pedazo de papel en el cual estaba escrito: "Lean el capítulo XXVII del Génesis en la vieja Biblia de mi padre".

El abuelo había sido predicador, pero su Biblia se hallaba en otro condado. De modo que los hermanos se trasladaron ahí y examinaron la Biblia. Entre las páginas del capítulo especificado del Génesis encontraron un testamento posterior que legaba las propiedades a todos los hijos. Los herederos presentaron este testamento ante los tribunales. Según la ley de Carolina del Norte, un testamento no tiene que atestiguarse siempre cuando esté escrito con la letra del difunto, y todos reconocieron la letra de su padre en el documento. Se hizo a un lado el primer testamento y se admitió el segundo para su verificación oficial.

Estos relatos no tienen el propósito de entretener. El tema de las facultades de la mente humana es muy serio. Las iglesias siempre han dicho que el alma vive, pero no han podido demostrar el hecho científicamente. Creen en él por la autoridad de Jesucristo, el Jesús histórico, a quien muchos vieron en Su muerte física, y muchos también en Sus reapariciones después de la muerte. Con esos acontecimientos, Jesús nos estaba mostrando que el elemento que llamamos alma es indestructible.

Una joven que agonizaba de tuberculosis —éste es un caso bien documentado— se hallaba inconsciente. De pronto, se oyó que exclamaba: "¡Veo a Susan, a Ellie, a Barry!" Eran sus tres hermanas, que habían dejado este mundo tiempo atrás. A continuación añadió: "Veo a Edward. ¡No sabía que estaba ahí!"

Tampoco lo sabía ningún otro miembro de la familia. Sin embargo, tres semanas después de la muerte de la joven, recibieron una carta desde el país donde Edward vivía; él había fallecido un par de semanas antes que su hermana.

Muchas personas, cuando se enfrentan a la muerte, nos han dicho que lo que "ven" es hermoso y con frecuencia aseguran haber "visto" a sus seres queridos muertos. Desde hace mucho tiempo, los cristianos han aceptado esto como una verdad. Y ahora la ciencia misma pone en claro que cualquiera que no crea en la inmortalidad, la perpetuidad del alma, tiene un pensamiento anticuado.

Jesucristo dijo esto hace 20 siglos. Y cuanto antes el mundo llegue a creer que todo lo demás que Él dijo también es verdad —que la mente más sabia, más sutil que haya existido fue la de Jesús— tanto mejor será para la humanidad. Cualquiera de nosotros que haya tenido que decirle adiós a su padre o madre, hermana, hermano, marido, esposa o hijo ha sentido un gran peso en el corazón. Eso es comprensible, puesto que somos humanos. Pero nuestro Señor y Salvador dice que aún están con nosotros. Ahora, los grandes eruditos también lo afirman.

Por lo tanto, la religión, la filosofía y la ciencia están declarando que la verdad más grandiosa que se haya pronunciado en la historia del mundo es absolutamente fidedigna. Ustedes pueden creer en ella. Es ésta: "Yo soy la resurrección y la vida; quien cree en Mí, aunque muera, revivirá. Y todo el que crea en Mí, no morirá jamás" (Juan 11:25-26). Sean felices; llénense de júbilo; estén alegres; vivan con vigor y vivan en la forma adecuada para aquellos que nunca mueren.

4

Ciudadanos de la eternidad

Lo más emocionante que ha surgido en este mundo es el sistema de pensamiento y acción conocido como el Evangelio de Jesucristo. Obviamente, ahora no nos referimos a esas formas tediosas, inertes, anticuadas que algunas veces —Dios nos ayude— se asocian con el cristianismo. Me refiero a ese llameante proceso que comenzó en Galilea y Judea y, pasando como fuego sagrado de corazón a corazón, se extendió por el mundo antiguo y cambió la faz de la historia; esa maravilla armoniosa, vital y espiritual que nada puede destruir, la cual es auténticamente el puro Evangelio del Señor Jesucristo. Nunca ha habido nada igual.

Piensen en lo que ofrece; ¡las increíbles bendiciones que otorga a los seres humanos! La Biblia misma se asombra ante sus promesas, ya que se le agotan las palabras: "Ojos no han visto, ni oído ha escuchado, ni han penetrado en el corazón del hombre, las cosas que Dios ha preparado para aquellos que lo aman".

¿Qué ofrece el Evangelio? Valor frente al miedo, en primer lugar; fortaleza frente a la debilidad, en segundo; vitalidad frente a la enfermedad; amor por encima del odio. ¡Una cosa después de otra! ¡Las bendiciones más deseables que se conocen en esta tierra! ¡Qué magnífico Evangelio! ¡Qué emocionante es! Y el punto culminante es el que nos presenta el increíble don de la vida eterna después de la muerte. Nos dice que somos ciudadanos de la eternidad. Más aún, nos dice que la eternidad no es un lejano espacio de tiempo en el futuro al que llegaremos después de que hayamos muerto en esta tierra; nos dice que ahora estamos en la eternidad. El hombre toma el flujo constante del tiempo y le coloca divisiones pequeñas y barreras a las que llama años, décadas, siglos, eones; sin embargo, en el flujo perdurable de Dios no hay divisiones. Ustedes ya son eternos ahora.

Las Escrituras nos dicen, asimismo, cómo se obtiene la sorprendente vida eterna que Dios nos ofrece. Es muy sencillo: "Aquel que tiene al Hijo tiene vida..." Si ustedes tienen a Jesucristo en su corazón, están eternamente vivos. "Y ésta es vida eterna, en la que ellos te conocerán, el único Dios verdadero, y a Jesucristo, a quien Tú has enviado." Y esa magistral declaración: "Yo soy la resurrección y la vida; quien cree en Mí, aunque muera, revivirá. Y aquel que crea en Mí, no morirá jamás". Yo les digo que ése es el mensaje más importante que se ha pronunciado en toda la historia del hombre. Por medio de Cristo pueden ustedes tener acceso a una vida que es victoriosa sobre la muerte misma.

Afortunadamente, existen personas que van más allá de limitarse a escuchar estas palabras. Aceptan este don. Una de ellas fue Eli J. Perry, de Perry, Perry y Perry —abogados de Kinston, Carolina del Norte—, un apreciado amigo mío. Este hombre fue un gran estudiante, se graduó con honores en la Universidad de Carolina del Norte y en la Escuela de Leyes de Harvard. Fue un miembro distinguido de la barra de Carolina del Norte. Era un ciudadano activo en su comunidad —sumamente respetado por su mente equilibrada y aguda—. Poseía la mejor colección de libros religiosos que yo haya visto en un hogar y, a través de los años, se condicionó a sí mismo para conocer a Jesucristo. Realmente lo conocía. Eso resulta evidente en una carta que me escribió su hijo Dan comunicándome la muerte de mi amigo:

> Mi padre experimentó ayer la transición. Consideraba esta transición como un acontecimiento maravilloso y glorioso. Una vez que supo por los doctores la seriedad de su condición, nos dijo varias veces: "Hijos, estoy a punto de pasar por la experiencia más grandiosa que un hombre pueda conocer, sea cual fuere el resultado. Si Dios cree conveniente curarme, estaré en posición de ser un gran testigo de Cristo, habiendo descendido al valle para volver a ascender. Por otra parte, si Dios me llama al hogar, tendré la experiencia más grandiosa en la vida. Y, por lo tanto, saldré ganando, en cualquier forma que lo vean".

El día que iba a morir, Eli Perry dictó cinco cartas. Una fue para mí. Hela aquí:

> Querido Norman:
> Ésta es una carta que detesto escribirte, y, sin embargo, es una carta llena de alegría. Hace dos meses los doctores analizaron mi condición y diagnosticaron un tumor maligno en el pulmón, y he estado en el hospital, sometido a tratamientos de cobalto.
> No obstante, la vida se vuelve más maravillosa cada día que vivo. Es alegre, independientemente de la incomodidad y dolor que están en mi cuerpo, sabiendo que soy uno con Dios. Sé que Él es mi Padre, y sé que la vida es eterna y habita en mí el Espíritu de Dios. Soy inmortal. Ahora estoy viviendo en la inmortalidad y siempre lo estaré. Tú sabes que Jesús es el individuo más grandioso que haya vivido jamás.

Cada día profundizo mi conocimiento al respecto. Bendito sea Su Sagrado Nombre. Converso con Él y converso con Él y Él es sencillamente maravilloso. Sé de lo que hablo. Cristo es la respuesta a todos nuestros problemas. ¡Cuán glorioso es eso!

Dios los bendiga a ti y a Ruth. Siempre les he tenido mucho cariño a ambos. Esperaba que pudiésemos pasar algún tiempo juntos de nuevo, pero así es la vida. De cualquier modo, no tengo que estar con ustedes físicamente, mis amigos, puesto que estoy con ustedes en conciencia. Soy inmortal.

Eli Perry es un ejemplo de una clase de ser humano que produce Jesucristo —¡los que escuchan el Evangelio creen en él y aceptan la emocionante vida eterna!

Ahora bien, ¿por qué es creíble este conmovedor mensaje? Una razón es que la creencia de que el ser humano es inmortal es razonable y demostrable intelectualmente. Mi buen amigo, el finado Don Belding, era un gran hombre de negocios y, a la vez, un pensador profundo. Él, también, sostuvo una lucha contra el cáncer. Escribió sus pensamientos para mí mientras se proponía probar nuestra inmortalidad. Como se ha dicho antes, no creemos en la inmortalidad porque podamos probarla, pero tratamos de probarla porque no podemos evitar el creer en ella. Eso es lo que hizo Don Belding. Y basó su razonamiento en varias leyes.

Una de ellas es la ley de opuestos, la cual es la rueda de equilibrio del orden universal. Hay alto y hay bajo, caliente y frío, húmedo y seco, noche y día, amanecer y crepúsculo. Hay materia; por lo tanto, en la misma naturaleza de las cosas tiene que haber espíritu. Si un hombre es materia, también es, con la aplicación de creación científica, espiritual.

Existe también la ley de duplicación. En todos los seres humanos está la reproducción de características físicas. Un hijo se parece a su padre. Una hija se parece a su madre. Tienen la misma suavidad en la voz. El mismo porte y la misma forma de andar.

Tenemos, asimismo, la ley de transformación. Podríamos tomar uno de los bancos de la iglesia y quemarlo. ¿Lo habremos destruido? El banco como tal, sí; pero no su sustancia: el fuego sólo transforma la madera en otra apariencia. Nada material se destruye nunca. Ahora bien, ¿qué clase de Creador sería el que ordenara esa indestructibilidad para las cosas materiales pero no para las espirituales? La lógica es irrefutable, según la veo.

Y qué decir de la ley de adaptación. Si se palpan las orejas, encontrarán pequeños puntos en la parte superior que provienen de sus antepasados. El hombre solía tener una oreja flexible que pudiera moverse en varias direcciones a fin de detectar a un enemigo. Algunos científicos predicen que si el hombre, durante 50 años más, continúa conduciendo automóviles que requieren pisar el pedal del combustible, desarrollará un músculo nuevo en el empeine del pie para darle más fuerza, reducir la tensión y darle mayor flexibilidad. El cuerpo humano se adapta. Ahora bien, el señor Belding razona que, puesto que el hombre tiene el anhelo de reunirse con los seres queridos que han partido —un anhelo universal—, seguramente su alma, por adaptación, alcanzará la inmortalidad que desea. La inmortalidad es un supuesto racional.

Durante generaciones, los hombres han estado explorando científicamente los aspectos materiales del universo, y como resultado hemos desarrollado la mayor civilización material en la historia de la humanidad. Sin embargo, hasta muy recientemente, casi no se ha emprendido una investigación científica sistemática acerca de las experiencias espirituales del hombre.

La mente humana cuenta con poderosas fuerzas que trascienden la materialidad. Ustedes no tienen idea de lo maravillosos que son ustedes realmente. Tienen un alma que habita un cuerpo, pero sólo por un tiempo. Posteriormente, vivirá para siempre por su cuenta.

Si Dios puede hacer lo que hace con los seres humanos aquí en la tierra, seguramente puede hacer cosas maravillosas con ellos en la vida después de la muerte. La resurrección no sólo ocurre después de que morimos. Ocurre ahora, en el flujo presente de eternidad. He conocido personas resucitadas. Hay personas resucitadas que están leyendo esto ahora.

Un amigo mío muy querido, Paul Soupiset, falleció. Vivía en San Antonio, Texas. Era hombre de negocios —dirigía una tienda—, pero además era un servidor de Dios. Adquirió una pequeña iglesia que no se utilizaba en el centro de San Antonio en la plaza La Villita, y cada domingo en la tarde celebraba servicios ahí. Su denominación lo invistió como predicador local. Yo solía saber de él, porque decía que su vida había cambiado, alabado sea el Señor, por medio de un programa de televisión que conducíamos la señora Peale y yo hace algunos años. Así que nos hicimos amigos.

Me escribió que alguien le había regalado unas campanas, un carillón, para colocarlas en la torre de la pequeña iglesia, y quería que yo fuese a inaugurar oficialmente esas campanas, ya que las iba a nombrar en mi honor. Bien, pensé que valía la pena un viaje a San Antonio y fui. Y se celebró un servicio de inauguración para las campanas. Pero lo que sucedió después nunca lo olvidaré. Paul Soupiset dijo a la congregación que todos los que quisieran que cambiara su vida se acercaran y arrodillaran ante el altar. Nunca había visto algo igual. Había mexicanos, negros, blancos, ricos, pobres.

Recuerdo a una dama de cabello blanco, con pieles y brazaletes de diamantes, arrodillada junto a un mexicano que parecía que acababa de bajarse de un caballo. Paul se acercó y colocó su mano sobre la cabeza de la dama con cabello blanco.

—Querida, ¿qué estás buscando? —le preguntó.

—Ah, reverendo Soupiset, estoy buscando a Jesús. Quiero que cambie mi vida. Yo soy una mujer miserable y pecadora.

—Mi mano está sobre tu cabeza, y ése es el símbolo de la mano de Jesús y el poder de resurrección que ahora está vertiendo en ti, querida —la dama miró hacia lo alto con una hermosa sonrisa en su rostro.

Después, se dirigió al mexicano.

—¿Tú qué quieres?

—A Jesús —respondió.

—Coloco mi mano sobre tu cabeza —dijo Paul—, y el poder del Dios viviente fluye a tu interior para resucitarte.

En la misma forma, tocó y habló con cada uno de los asistentes. Yo permanecí sentado con los ojos nublados por las lágrimas. Todo estaba tan lleno de amor. Más tarde, me comentó: "Amigo mío, si Dios puede resucitar así a las personas ahora, creo que Él nos puede resucitar después de morir, a fin de que podamos gozar una emocionante vida eterna". Pues bien, yo creo lo mismo.

Dios hace bien todo. Dios nos ha dado un hermoso mundo, con grandes colinas, cielos azules y ríos limpios y frescos; y el hombre lo está destruyendo con su basura e inmundicias. El hombre debe ser un terrible problema para Dios. Sin embargo, Dios lo cuida aquí en la tierra, lo protege, lo apoya, siempre es su amigo hasta que llega la noche de la vida. ¿Y pretenden decirme que Dios va a cambiar Su naturaleza cuando ustedes mueran? ¿Que Él va a olvidarlos? ¿Él, que ha hecho todo para ustedes, que ha derramado Su amor para ustedes? Si Él los ama así aquí, los amará igual en el más allá. Sus seres queridos que se han ido a la otra vida antes que ustedes, todavía están vivos. Él los ha cuidado. Los está amando como los ama a ustedes —aún más, si acaso, porque ahora están más cerca de Él.

Hace algunos años leí unas breves reflexiones del autor Leslie D. Weatherhead, quien predicó durante muchos años en el City Temple de Londres, un gran predicador y escritor de muchos libros. En el pasaje que recuerdo ahora, describe a un bebé situado bajo el corazón de su madre en el estado prenatal. Este bebé tiene todo y más de lo que pudiese desear. Está en un agradable lugar cálido. La madre que pasa todo tipo de trabajos para comer los alimentos adecuados y cuidar de sí misma, le proporciona todo el sustento que requiere. Él no hace nada, excepto dormir, reposar y comer. Lo está pasando estupendamente bien ahí, bajo el corazón de su madre.

Supongamos que alguien pudiese hablar con él y decirle: "Oye, tú no vas a permanecer ahí. Sólo es por un breve periodo. Vas a nacer". Para nosotros es "nacer", pero para él significaría "te vas a morir", es decir, desaparecer de este lugar donde estás. Y él pensaría: "No quiero desaparecer de este lugar. Me gusta aquí. No quiero *nacer*".

No obstante, llega el día y ocurre el milagro del nacimiento, y lo siguiente que sabe es que lo sostienen unos brazos fuertes y suaves. Hay un rostro que lo está mirando, los ojos rebosantes de amor por él; y ese extraño y maravilloso ser lo acurruca sobre su pecho —ahora en el exterior, no en el interior—. Y todo lo que tiene que hacer es emitir un pequeño grito para que todo el mundo corra a su servicio. Después de un tiempo, piensa: "Vaya, este lugar es estupendo. Nunca había estado mejor".

Más tarde, es un niño pequeño. El mundo entero está lleno de prodigios. Todo es emocionante. Y con el tiempo llega a la juventud, y siente la fuerza de sus alas —la fuerza de su mente y la fuerza de su corazón— y su vida es maravillosa. Después llega a una estable edad madura, donde empieza a cosechar los beneficios de su trabajo. Y la vida es buena.

En el momento presente, ya han pasado los años de la madurez y llega a ser lo que la gente llama un anciano. Un día, le cruza un pensamiento: "Te vas a morir. Vas a dejar este mundo". Y él piensa: "No quiero irme de aquí. Me encanta el sol. Me encanta la sensación que causa la lluvia en mi rostro. Me encanta el crujido de la nieve bajo mis pies. Me gusta el calor de un fuego con leña. Amo a mi familia y a mis amigos. No quiero morirme".

Pero llega el día en que ocurre el milagro de la muerte y desaparece de este mundo y nace en otro. El minuto en que hace lo que nosotros llamamos *morir*, hace lo que Dios llama *nacer*. Y una vez más siente brazos fuertes y amorosos y ve un maravilloso rostro lleno de bondad que lo contempla. Y reunidos a su alrededor están los seres queridos a quienes amó una vez y perdió por un tiempo, y todo es *tanto* más hermoso, *tanto* más maravilloso. Y se da cuenta, ¡he nacido de nuevo! Así, ahora, ha pasado dos veces por la experiencia de la muerte y el nacimiento.

Las leyes de Dios son absolutamente exactas e inalterables. Los capullos vuelven a aparecer en los árboles cada primavera, como lo han hecho todos los años que ustedes han vivido. Dios es invariable; Él es el mismo. Así que sólo usen su razón, más su fe, y sabrán que todo está bien, tanto en este lado de la muerte como en el otro, con ustedes y su alma. Ustedes son "ciudadanos de la eternidad". Demos gracias a Dios.

5

No estamos solos

Cometí un grave error en mi vida al dejar que pasara tanto tiempo antes de visitar Tierra Santa. Cualquiera que intente ser predicador, debe viajar a Tierra Santa mientras sea joven, incluso si durante un tiempo tiene que irla pasando con una comida al día para ahorrar el dinero. De hecho, deseo que todas las personas puedan algún día recorrer esos sagrados caminos y contemplar esas colinas perpetuas donde Jesús caminó y miró, de pie, a su alrededor. Esa visita causa muchos efectos.

Nunca olvidaré la pacífica mañana besada por el sol, empapada por el rocío, cuando, con cerca de 50 peregrinos más de muchos países diferentes, veneré a Dios en un jardín de la Ciudad Sagrada. Directamente frente a nosotros estaba una tumba, tajada en la roca, la cual, dice la tradición, perteneció a Nicodemo, un miembro del Sanedrín judío, en la cual descansó el cuerpo de Jesús de Nazaret después de la crucifixión. Cuando nos sentamos en nuestro pequeño servicio de veneración, pudimos ver el sepulcro abierto con la piedra rodada. (Es un término real, "rodada", ya que la piedra era redonda, como una gran rueda, y literalmente fue rodada, en una ranura de piedra, a un lado, lejos de la entrada.) Ahí permanecimos sentados en una suave brisa con el aroma de las muchas flores que llenaban el jardín. Si fuese a enumerar las pocas ocasiones en que he sentido una paz perfecta en la tierra, ésa sería una de ellas.

Esa mañana, el predicador era un capellán del ejército, vigoroso, severo, de carácter duro. Era un hombre de gran fe. Su lenguaje era ligeramente profano, pero amaba al Señor Jesucristo con todo su corazón, y creía plenamente en la Palabra y en las enseñanzas de las Escrituras. Mientras el capellán disertaba sobre el tema de la Resurrección, describiendo esas figuras en blanco brillante en cada lado de la tumba abierta y decía que fue en ese mismo punto donde reapareció Jesús resucitado, repentinamente experimenté uno de los saltos inmortales de fe que es la forma en que se llega a la verdad. Me sentía profunda y serenamente satisfecho de que lo que se decía había ocurrido en la mañana de Pascua fuese así realmente. Ahora, ustedes podrían decir que eso no prueba nada. No estoy tratando de ofrecer pruebas. Sólo relato mi experiencia. Yo testifico. No argumento.

Unos días más tarde, estábamos en Betania. ¡Qué bella es Betania! Si el día de hoy abren la Biblia familiar y tiene ilustraciones antiguas, busquen la estampa de Betania. En la actualidad se ve exactamente como en todas las imágenes que hayan visto. Un sol ardiente nos abrasaba ese día. Nos detuvimos junto a la tumba donde se dice que yacía muerto Lázaro y de la cual Jesús lo convocó a la vida de nuevo. Me dije a mí mismo que me gustaría detenerme, si fuese posible, en el mismo lugar donde se situó Jesús. Caminé todo alrededor, imaginando que en algún punto mis pies deberían tocar el lugar exacto donde Él se colocó. Después saqué la Biblia, y mi esposa y yo leímos las palabras que Él pronunció ese día: "Yo soy la resurrección y la vida; quien cree en Mí, aunque muera, revivirá. Y todo el que crea en Mí, no morirá jamás".

De repente, sentí que las lágrimas me cegaban los ojos. Una gran calidez envolvió mi corazón y supe que esas palabras eran verdad. Recuerdo que pensaba que ésa era la afirmación más grandiosa pronunciada en la historia. ¿Qué palabras han consolado más multitudes a través de los años, cuando se enfrentan a la muerte, cuando lamentan la partida de sus seres queridos, cuando tratan de penetrar los misterios de su existencia, que esas melosas y hermosas palabras del Salvador de los hombres? ¿Dónde hay palabras más brillantes y maravillosas que éstas: "Yo soy la resurrección y la vida"?

Un significado de esas palabras es que no estamos solos en el universo. Éste es un universo pasmoso. Tiene belleza, pero también problemas y penas. ¡Qué terrible es pensar que pudiésemos estar solos en él! El mensaje de Navidad es que "Al Hijo de María le pondrán por nombre Emmanuel, que se traduce: Dios con nosotros" (Mateo 1:23). Él tomó forma humana y padeció todos los sufrimientos que afligen a un ser humano. Finalmente lo mataron, pero Él resucitó. El sencillo mensaje de Pascua quiere decirnos que nada podía destruirlo —ni el odio, ni las maquinaciones de los sacerdotes que veían en Él una amenaza, ni la perfidia de un político indigno que lo envió a la muerte, ni la muerte misma—. Nadie podía destruirlo. Él vive y está aún aquí con nosotros. Él nos guiará a través de nuestra vida y nos llevará al paraíso. Ése es el sencillo mensaje de Pascua.

Supongo que no hay un libro en la historia de la humanidad al cual se le haya atacado tanto como a la Biblia. Sin embargo, ha resistido todas las agresiones de todas las épocas porque es la manifestación de la verdad, y la verdad no se puede destruir. Uno de sus mensajes más formidables es que no estamos solos —el Cristo resucitado está con nosotros—.

En este mundo, cuando como sociedad nos afanamos por el bien de todos, no nos esforzamos como trabajadores que no tienen ayuda. Jesucristo es nuestro ayudante. Él nos prestará auxilio. Su presencia nos apoya en todas las vicisitudes de la vida humana. No estamos solos.

Una y otra vez encuentro testimonio de la verdad en la enorme cantidad de correspondencia que recibo en respuesta a libros, sermones y columnas. En el curso de una vida sufrimos toda clase de ansiedad, dificultades, dolor y problemas. Sin embargo, a menudo recibo cartas en las cuales la sustancia de lo que dice una persona es ésta: tuve que sufrir tal, tuve que sufrir aquello, tuve que soportar tanto, pero Jesús estaba conmigo. Él me ayudó; Él me prestó su auxilio. Debemos comprender ese grandioso hecho: No estamos solos.

Ahora bien, hay ocasiones en que nos sentimos muy solitarios. Existe una soledad cósmica y, cuando una persona envejece y los años empiezan a sumarse, uno por uno de los que han estado cerca a través del tiempo le dicen adiós. Le dicen adiós con una alegre sonrisa, y el lugar que los conoció, ya no los conoce. Anhelamos el contacto de una mano desaparecida y el sonido de una voz que está callada. Recuerdo que cuando yo era todavía un adolescente, las personas de más edad acostumbraban decirme: "La mayoría de las personas que conocí y amé están ahora en el otro lado. Camino casi sola". Desde luego, una persona no debe meditar con tanta tristeza. Debe seguir haciendo amigos y construir el círculo de nuevo. No obstante, hay algo básico en la esencia de esa soledad que sentimos.

Yo nací y me crié en una parte del sur de Ohio. De vez en cuando, regreso y visito los lugares donde viví. En mi juventud visité frecuentemente un pequeño pueblo llamado Lynchburg. Todo mundo tiene su Lynchburg —tal vez en Mississippi o en Indiana o, tal vez, en California o en Inglaterra o en cualquier otra parte—, algún lugar pequeño del cual proviene su familia. En esos días del pasado, la mitad de la gente del pueblo de Lynchburg eran parientes míos —primos carnales, primos segundos, primos terceros, primos más lejanos: toda clase de primos—. En todas partes había parientes. Mis abuelos también vivieron ahí. Acostumbraba ir a Lynchburg en la primavera y me encontraba ahí con mis primos. Algunos de ellos eran de mi edad, otros un poco mayores, algunos un poco más jóvenes. Todos acostumbrábamos merodear la casa de mi abuela.

La puerta tenía una campana que me fascinaba. Ustedes saben cómo algunas cosas fascinan a los niños. Era una de esas campanas que giran, y resonaba por toda la casa. Los chicos nos alternábamos para ver quien podía lograr que resonara por más tiempo. Y mucho después de que muriera mi abuela y otras personas vivieran en la casa, acostumbraba regresar y, yo solo, hacia girar la campana. En una de esas visitas le dije a la señora Grace Williams, la nueva propietaria:

—Señora Williams, ¿cuando le llegue el momento de despojarse de ese rodillo mortal, me heredaría la campana?

—¿Quieres toda la puerta? —me preguntó.

—No, sólo quiero la campana.

Pues bien, la señora Williams me envió la campana y ahora la tengo en mi departamento de Nueva York. Algunas veces la saco y giro la campana, pero ya no es lo mismo; ya no produce la misma emoción de aquellos tiempos.

Es algo parecido a lo que leí en una ocasión en un periódico de Nueva York. Un hombre escribió la siguiente carta al editor:

> Soy un hombre anciano, con más de 80 años. Hace decenios, cuando era pequeño, había un árbol de duraznos contiguo a un muro de piedra en Troy, Nueva York. Yo acostum-

braba llegar al árbol desde el otro lado de la pared y coger duraznos. Eran los duraznos más dulces que haya comido, y con frecuencia me he preguntado de qué clase pudo haber sido ese árbol. ¿Cómo puedo encontrar la misma clase de duraznos?

El editor respondió a su vez con otra carta que decía algo así: "Nunca volverá a encontrar esa clase de durazno. Ese durazno tenía en él la dulzura de su juventud. Es mejor que lo guarde en sus recuerdos".

De igual forma, cuando giro la campana de Lynchburg, ya no me provoca la misma clase de emoción, ya que empiezo a pensar en todos los primos que una vez la giraron conmigo, y todos, excepto dos, se han trasladado a otro país. Y me quedo con una sensación de soledad.

Sin embargo, me consuelo cuando pienso en otra experiencia. Si estoy en Ohio y cerca del pueblo de Sabina, voy a ver a una antigua amiga mía. Es una viuda llamada Low Morris. Era la amiga más querida de mi madre, y recuerdo que cuando era niño pensaba en qué hermosa era y cómo me encantaba la música resplandeciente y ondulante de su risa. Cada vez que regreso a esa parte del país, voy a visitarla en su pequeña casa antigua. Tiene una fotografía de mi madre y una de mi padre, una de mis hermanos y yo, y de todas nuestras familias. La última vez que la vi, comenté algo respecto a que vivía sola. "Bueno", dijo, "no hay un ser humano aquí conmigo, pero no estoy sola". Y dirigiendo su mirada al retrato de su esposo, empezó a cantar con una voz preciosa: "En el dulce porvenir, nos encontraremos en esa hermosa playa". Me uní a ella, porque yo también conozco esa canción. Y hay otras piezas que también cantaban hace años, como "Nos encontraremos más allá del río". Tal vez sea un error que ya no cantemos esas letras. Uno de los mayores dones en la vida humana es esta fe profunda, tierna, incondicional de los cristianos en todo el país y en el mundo de que el Señor Jesucristo, en quien ponemos nuestra fe por el tiempo y la eternidad, vive y que nos encontraremos con Él y con nuestros seres queridos más allá del río.

Yo creo que cuando morimos estamos con Cristo. Creo que estamos con Cristo ahora mismo, en este minuto. Incluso ahora nos hallamos en la corriente de eternidad e inmortalidad. ¿Cómo puede un alma convertirse en polvo en una tumba? Cuando el cuerpo llega a una tumba, sólo estamos entregando a la tierra el instrumento físico que dio albergue al alma aquí en el mundo.

Yo creo que el buen Dios que hizo este universo complicado, totalmente misterioso, lo llenó de vida, no de muerte. Es un universo muy misterioso. Hace algún tiempo escribí un artículo sobre el tema de la vida después de la muerte. Nunca he recibido tantas respuestas por correo a causa de algún artículo, o tantas cartas realmente conmovedoras sobre cualquier otro tema. Una mujer describió su experiencia de muchos años antes, cuando estuvo muy enferma, a las puertas de la muerte:

> Veía el rostro de mi madre, gris y ceniciento, mientras traía más palanganas. La puerta de mi dormitorio se estaba llenando con gente. Incluso la abuela había logrado subir las escaleras. Todos estaban alrededor de mi lecho.
>
> De pronto, todos se fueron y me encontré sola. Caminaba a través de un corredor oscuro, y muchas personas felices estaban conmigo —todas daban esa impresión—. Caminé un poco más hasta que pude ver el exterior. Ahí había un hermoso campo con grandes margaritas blancas que brillaban bajo un cielo radiante; y en medio de esa belleza, una pequeña niña, tan bonita, sentada, cortando flores.
>
> En eso, como una cortina que descendiera contra la luz, me llegaron estas palabras: "Mamá me necesita". Me desperté y descubrí que mi madre arrullaba mi cabeza contra su

pecho. Suavemente, me llamaba una y otra vez: "Cariño, vuelve con nosotros". Me recuperé de la enfermedad y ahora viviré hasta una edad avanzada.

¿Dónde había estado esa mujer?

Y aquí tengo una carta que lleva la firma de una persona famosa en Estados Unidos, cuyo nombre todo mundo reconocería si lo mencionara. En referencia a mi artículo, escribió:

> En muchas ocasiones escuché a mi abuela y a mi madre relatar la historia de Elmer, hijo de mi abuela, de 25 años de edad.
>
> Elmer tenía fiebre tifoidea, y en 1900 eso era fatal frecuentemente. Una hermana gemela, Eva, por quien Elmer sentía una gran devoción, murió el año anterior de la misma enfermedad. Durante muchos días, mi tío Elmer estuvo en coma, demasiado débil para moverse. Súbitamente, se incorporó en la cama con los brazos extendidos hacia los cielos. Su rostro estaba radiante de felicidad, y exclamó con voz firme y clara: "¡Eva!", y después murió.

Cuando yo era muy joven conocí a James N. Gamble, de Procter and Gamble, fabricante del jabón Ivory. Era uno de los hombres más piadosos que haya conocido. Ahora, muchos años más tarde, lo que resulta interesante, recibo una carta de una mujer que fue enfermera del señor Gamble. No trata acerca del señor Gamble, sino que relata una experiencia que tuvo ella:

> Acababa de atravesar por una crisis y tenía una fuerte sensación de que mi padre estaba cerca de mí. Nunca había sucedido algo similar en todos los años transcurridos desde su muerte.
>
> Pero un día pasó algo sorprendente. En la mesa del antecomedor tengo un bonito tarro para afeitar que usaba mi

padre, junto con otra pieza antigua. Había terminado de sacudir la sala y me dirigía hacia la mesa para limpiarla cuando algún poder más allá de mí me detuvo y me sujetó como si fuese un hechizo. Me quedé ahí pensando: "Me alegro tanto de tener ese tarro, es lo único que tengo que perteneció a papá". Sentí su presencia.

Algo me hizo mirar hacia la puerta de la cocina, y ahí, entre la puerta y yo, estaba una imagen muy clara de mi padre suspendida en el espacio, donde permaneció durante varios segundos. En la imagen se veían su cabeza y hombros, muy reales. Se veía más joven de lo que yo lo recordaba, más robusto, sin canas, en plena juventud. Su abundante cabello negro, el cual siempre admiré, me impresionó de nuevo.

Mi padre no está muerto.

Estamos rodeados por una gran nube de testigos. Y ellos tocan nuestras vidas. Concluiré con una carta más. Ésta la escribió mi madrastra. Una vez mi esposa y yo tuvimos un gran problema, grave, difícil, duro, y tratamos de resolverlo por medio de oraciones, poniéndolo en las manos del Señor, tratando de hacer lo más correcto en la mejor forma que sabíamos —la única forma de resolver cualquier problema—. Debo explicar que el nombre de mi padre era Clifford. El de mi esposa es Ruth.

Mi madrastra le escribió a ella lo siguiente:

> La noche pasada me senté a rezar por ustedes. Por mi mente cruzó un pensamiento en esta forma: "Ruthie lo hará bien, no te preocupes".
>
> Ahora bien, yo nunca pienso en ti como Ruthie, tú lo sabes. Ninguna otra persona viviente te ha llamado así. Sin embargo, Clifford, cuando quería ser afectuoso contigo, con frecuencia se refería a ti como Ruthie, sencillamente.
>
> ¿Por qué pensé en eso anoche? "Ruthie lo hará bien, no te preocupes." ¿Acaso tenemos a alguien en el más allá traba-

jando con nosotros en nuestros problemas y en nuestras dificultades?

En esta forma, comparto con ustedes mis convicciones, en las cuales creo muy profundamente. Ustedes no han perdido a aquellos a quienes quisieron, ni ellos los han perdido a ustedes. Estamos juntos en una inmortalidad continua y eterna. No esperamos hasta morir para estar en la inmortalidad. Las condiciones de inmortalidad están construidas en la vida humana en nuestra misma esencia. No somos únicamente carne y sangre. El cuerpo no es más que un instrumento que ustedes y yo usamos por un tiempo. Cuando ya no nos es útil, lo abandonamos. Cada uno de nosotros es un espíritu, parte de la vida espiritual de Dios. "Desconozco dónde Sus islas alzan sus frondosas palmas al aire; sólo sé que no puedo alejarme a la deriva más allá de Su amor y cuidado."

6

La resurrección y la vida

Cierto día, cuando era pequeño, me encontraba de pie al lado de mi padre en un pequeño cementerio en el sur de Ohio. Estábamos depositando en su lugar de descanso los restos mortales de mi abuela paterna. Ese día sentí una pena muy grande por mi padre a causa de esa perdida.

Aún ahora, recuerdo al ministro pueblerino de cabello blanco. Lo recuerdo mirando la tumba con respeto. Después —sin un libro— levantó el rostro hasta que cayó sobre él la luz del sol, y esas antiguas palabras salieron de sus labios, suave y maravillosamente: "Yo soy la resurrección y la vida".

Si bien yo era muy pequeño, repentinamente supe, en mi corazón, que esas palabras eran verdad. Había nacido en mí una convicción inquebrantable. La grandeza y la pasión de esas palabras se adhirieron a mi mente.

Pasaron lustros. De nuevo mi padre y yo, ambos con más años, estábamos de pie en el mismo pequeño cementerio. Parecía que era ayer, y ahora habíamos venido a traer a su lugar de descanso a mi madre bienamada. Otra vez sentí lo mismo que cuando era pequeño. Pese al transcurso de los años, todo era igual. En esta ocasión habló otro predicador pueblerino, y la expresión que brotó de sus labios fue la misma oración inalterable: "Yo soy la resurrección y la vida". Una vez más, en lo profundo de mi corazón, supe que esas palabras eran verdad, que esas palabras tenían la respuesta a los aspectos básicos de la vida y la muerte.

Esas palabras contienen el gran mensaje que todos nosotros debemos tener en mente. Ese mensaje contiene tres puntos importantes. Primero: "Yo soy la resurrección y la vida; quien cree en Mí, aunque muera..." Ahí las tienen. Un hombre debe morir. Los hombres están sujetos a la ley de la muerte. Tendemos a olvidar este hecho, pero es conveniente recordarlo. Nunca debemos pasar por alto que somos mortales. Si no lo recordamos, es probable que nos volvamos demasiado frívolos, demasiado materialistas, demasiado sensuales, demasiado carnales.

Nosotros los estadounidenses hemos perdido algo de nuestra vida y pensamiento de los años pasados. Algo que tenían nuestros antepasados, algo que poseían nuestros padres. Ellos siempre estuvieron conscientes de la incertidumbre de la vida. Vivieron entre colinas y cerca de los arroyos; convivieron con los mansos animales de los campos. Veían el proceso de la vida y la muerte, de la naturaleza que se desplegaba ante sus ojos. Veían el tiempo para plantar y para cosechar. Veían el transcurso de las estaciones. Eran reflexivos. En la terminología de un sentido amenazador de lo efímero, aprendieron la calidad más profunda de la vida y de la eternidad que está subyacente.

Ahora nos hemos convertido en los hijos de las ciudades. Vivimos en medio del concreto y el acero. Por todas partes estamos acosados con evidencias, no de la creación de Dios, sino de la obra del hombre. Y nos hemos vuelto un poco autosuficientes y refinados con todo eso. Hemos olvidado nuestra propia mortalidad.

Una vez leí acerca de un gran conquistador de los tiempos antiguos, Filipo de Macedonia, quien sometió bajo su control a todos los Estados griegos y sus subsidiarios. Uno de los hechos más importantes de su vida fue ser el padre de Alejandro el Grande, quien en su juventud llegó a sentir celos de su progenitor y lloró porque no le dejó más mundos para conquistar. Sin embargo, Filipo de Macedonia era un pensador que nunca quiso olvidar que, aun cuando fuera grande, seguía siendo un simple ser humano. Por lo tanto, le pidió a uno de sus esclavos, un sirviente, que desempeñara una tarea muy peculiar.

Cada mañana, al amanecer, el esclavo debía encargarse de despertar a su amo. Filipo se levantaba temprano porque quería disciplinarse a sí mismo. Si estaban en campaña, el esclavo entraba en la tienda. Si estaban en el palacio, entraba en el aposento y le hablaba a su rey. Pero no le llamaba "su majestad", "mi señor", o algo parecido. Sencillamente lo llamaba por su nombre de pila, y esto es lo que le decía: "Filipo de Macedonia, recuerda que debes morir".

Es una forma sombría de empezar cada mañana, pero esa declaración nos recuerda que estamos en la gran corriente del tiempo. Nuestras débiles manos no pueden hacer nada para detener su curso; ni tampoco podemos anclarnos en la playa y estar a salvo de su poderosa marea. La interminable corriente de la eternidad nos lleva consigo.

Según reza una leyenda, un viajero penetró en un bosque encantado. En un claro, encontró un reloj de sol. En él estaban escritas estas solemnes palabras: "Detente viajero, y considera. Es más tarde de lo que piensas". El hombre está sujeto a la ley de la muerte y del deterioro. Por lo tanto, debería estar haciendo algo al respecto. Esto puede sonar un tanto atemorizante, pero el pensamiento está bien fundado psicológica y religiosamente.

Sin embargo, no sería fiel a nuestras enseñanzas cristianas si lo dejamos ahí. ¿Cuál es, entonces, el siguiente elemento? Este curso de mortalidad, esta corriente constante de muerte y deterioro, se rompió —se rompió y se detuvo—. Apareció un hombre que pudo decir justificadamente: "Yo soy la resurrección y la vida". Es decir, he venido para que la inmortalidad reine en vuestra vida. He venido para que podáis derrotar todo en esta vida, incluso la muerte.

El gran mensaje es, entonces: *Él está aquí.* Jesucristo, a quien clavaron en una cruz, no pudieron retenerlo por mucho tiempo. Rompió las cadenas de la tumba. Él está aquí, viviendo aquí este mismo día. Él está con ustedes, la personalidad más vivaz, la personalidad más vibrante entre nosotros.

Cuando pronuncio un discurso como éste, reconozco que algunos pensarán: *¿Cómo lo sabe?*

Hay un científico, que es un don nadie, que gorjea: "Sólo creeré lo que pueda ver". Una actitud así es divertida. ¿Qué hay acerca del electrón? ¿Alguien ha visto un electrón caminando por la calle? Vaya, las cosas más grandiosas de esta vida son las que no podemos ver. ¿Alguien ha visto alguna vez la primavera? No. Un día, las ramas de los árboles están muertas, y en eso, la luz del sol pasea sobre la tierra, se ondea una varita mágica, y aquí están capullos diminutos y, después, hojas verdes. Nadie los vio antes de que brotaran.

Jesucristo nos dice que Él está aquí. Y ustedes pueden descubrir por sí mismos que así es. Si ustedes ofrecen incondicionalmente a Jesucristo todo lo que tienen en su vida y lo buscan con todo el corazón, sentirán en su interior una extraordinaria calidez y vivirán con una presencia mística.

Si abren su mente y dejan entrar en ella la conciencia de que Jesucristo está aquí, podrán salir todos los días y, en el nombre de Cristo, podrán derrotar todo lo que se interponga en su camino. Jesucristo está aquí ante su mente cerrada y Él llama diciendo: "¡Déjame entrar! ¡Déjame entrar! Yo te daré poder sobre el temor. ¡Déjame entrar! Yo te daré poder sobre la derrota. ¡Déjame entrar! Yo te daré poder sobre la frustración. ¡Déjame entrar! Yo te daré poder sobre los rechazos. ¡Déjame entrar! ¡Déjame entrar!"

Ustedes Lo dejan entrar y habrá calor en su corazón y un nuevo latido de poder. Experimentarán el significado de sus palabras cuando dijo: "Yo soy la resurrección y la vida". Es algo formidable, esta gran historia antigua de la inmortalidad.

Tenemos, además, un pensamiento final. Es éste: "Yo soy la resurrección y la vida; quien cree en Mí, aunque muera, revivirá. Y todo el que crea en Mí, no morirá jamás". Éste es el gran mensaje antiguo de la Biblia: que ustedes son inmortales, es decir, esencialmente inmortales.

Ustedes son básicamente inmortales, sin embargo, hay algunas personas que viven de tal forma que en vez de ser entidades espirituales, se convierten en animales. En vez de seres espirituales, se convierten en seres materialistas.

Existen algunas personas que no serían felices en el paraíso. Si se lleva una vida sensual, de embriaguez, licenciosa, ¿cómo se podría ser feliz en el paraíso? Hay algunas personas para quienes el cielo sería el infierno. Se sentirían en casa ajena ahí. No obstante, el hecho glorioso es que cualquiera puede cambiar. Todos los humanos tienen una base inmortal en su naturaleza.

A la vez, hay algunas personas valiosas que viven tan maravillosamente que cuando sus vidas alcanzan un punto de sensibilidad establecen aquí contacto con Dios, y ahora caminan como en la eternidad. Entonces, cuando llega la muerte, solamente tienen que cruzar la frontera. Están preparadas. La Biblia dice: "Quien cree en Mí", quien, en un acto de fe pone su vida en Mis manos, tiene la esencia de la inmortalidad en su interior. Él vive, estamos salvados, para usar una vieja frase, "por la fe en Cristo".

Un amigo mío es profesor de teología en cierta escuela. Es uno de esos hombres muy felices y le gusta mucho bromear. Es serio, ciertamente, pero nunca se puede estar seguro de su seriedad. Tenía un estudiante muy apreciado, Bob, que era de un tipo semejante. Los dos disputaban amistosamente todo el tiempo. Sus mentes eran brillantes, y cuando se enfrentaban sus cerebros, salían chispas. Siempre buscaban una ventaja por medio del humor, de la filosofía, o de la sutileza de sus argumentos.

Bob se enfermó gravemente y el profesor fue a verlo. El doctor le informó que el muchacho sólo viviría un día o dos. Mi amigo supo que ésa sería su última visita. Nunca se había comportado realmente serio con el joven, por lo que no sabía si orar con él, o hablarle acerca de la inmortalidad o de su alma. Era difícil decidir.

El estudiante estaba muy débil, pero aun así disputaron amistosamente como siempre. El profesor no fue un buen contrincante porque su corazón estaba lleno de aflicción y se le notaba en el rostro. El joven percibió rápidamente la inquietud y consternación del profesor, y eso lo perturbó.

Por último, mi amigo tuvo que irse, por lo que colocó su mano en la de su alumno y le dijo: "Bob, muchacho, ahora tengo que dejarte". Ambos sabían que era por última vez.

Bob lo miró. Se daba cuenta de lo que cruzaba por la mente del profesor. Sin embargo, hasta el final mantuvo en alto las características de su personalidad. Empleó un mecanismo bastante coloquial para hacerle saber su fe a mi amigo.

Cuando el profesor dijo: "Bob, muchacho, ahora tengo que dejarte", el joven lo miró y omitió el título de "profesor" y se dirigió a él por su nombre de pila: "Adiós, Bill. Gracias por todo. Nos estamos viendo".

Ésa fue su forma de decir "Lo sé. Comparto su fe. Sé que ha llegado mi hora. Sé que debo morir. Pero sé que tanto usted como yo amamos a Jesucristo, y le hemos entregado nuestra vida y creemos en Él para la salvación. Bill, nos estamos viendo".

"Yo soy la resurrección y la vida." No lo olviden. "Quien cree en Mí, aunque muera revivirá. Y todo el que crea en Mí, no morirá jamás."

7

Más allá de las sombras

Fue una llamada telefónica de larga distancia que casi atravesó la mitad del continente. En un extremo la voz era femenina, de edad avanzada y frágil. En el otro, masculina, vigorosa y de timbre seco ' firme. Los que hablaban eran una madre anciana y su hijo, un hombre ya más allá de la edad madura.

Extraña y tiernamente y, algunas veces, lo admito, de modo exasperante, los hombres siempre son niños pequeños para sus madres. La conversación se estaba graduando a ese tenor y la madre le hablaba acerca de las cosas sencillas, modestas y entrañables de la familia. Hablaba desde una pequeña aldea del medio oeste, en una casa antigua sobre una calle arbolada. El hijo estaba en un elevado edificio de oficinas en el vibrante y agitado Manhattan. No obstante, era una comunicación entre dos personas que se amaban mutuamente más que a la vida misma.

El hijo sabía que su madre no estaba bien; le dijo:

—Madre, esta noche salgo en avión hacia allá y pasaremos un buen rato juntos. Ten todo preparado; mañana estaré contigo.

—Ah —respondió ella—, te tendré listos todos los platillos que te gustan. ¡Qué alegría tener a mi chico en casa de nuevo! —y enseguida se oyó su voz temblorosa por el teléfono—. Te veré en la mañana.

Cuando el hijo llegó a la mañana siguiente, supo que durante la noche, callada y tranquilamente, su querida madre había cruzado hacia el otro lado. Ahí yacía, como una imagen de placidez. El hijo miró su rostro, sus labios que no volverían a hablar y supo que nunca olvidaría sus últimas palabras: "Te veré en la mañana".

Este hombre ha sido mi amigo durante mucho tiempo —práctico, flemático; se podría incluso decir que es muy refinado—. Una vez le pregunté qué pensaba acerca de esa frase: "Te veré en la mañana". Me miró con expresión de sorpresa.

—Pues que, por supuesto, la veré en la mañana.

—¿Cómo lo sabes? —pregunté.

—Bueno, ¿no te acuerdas de esas pequeñas iglesias en el campo a las que solíamos ir tú y yo y otros amigos hace tiempo? Las recuerdo bien. Doy gracias al Señor por haber tenido la oportunidad de crecer en pequeñas iglesias de campo a principios del siglo. Al mirar por las ventanas, no se veían edificios, sino sólo campos, colinas, bosques y cielo.

Los predicadores de esas iglesias no siempre eran hombres con una educación muy esmerada, pero creían en todo lo que decían. Y, más aún, comunicaban experiencia espiritual; sus pláticas se basaban en vidas que Dios conocía a través de Jesucristo. Mi amigo continuó:

—¿No te acuerdas de nuestro querido viejo himno: "Hay una tierra más hermosa que el día, y con la fe, podemos verla a lo lejos"? ¿Y el refrán: "En el dulce atardecer, nos encontraremos en esa playa resplandeciente"? En efecto, no tengo la más mínima duda de que la veré en la mañana.

Y creo que ustedes tampoco tienen ninguna duda.

Cuando empecé a predicar teníamos que tratar con científicos impertinentes, neófitos y engreídos, que de pronto habían descubierto las extraordinarias obras que podía hacer el hombre en el universo y tendían a olvidarse de Dios, o a disminuirlo, en el mejor de los casos. Consideraban la Biblia, algunos, por lo menos, como cuentos de comadres y miraban con recelo a las personas que tenían un concepto fundamental de la Palabra de Dios. Así empezó un lento pero constante abandono de los preceptos de la fe. La ciencia, como verán, tenía que madurar, y esa maduración le llevó unos cuantos años.

Solía pensar que en un sermón tenía que pasar la mitad del tiempo defendiendo la fe. Ya superé esa situación desde hace mucho tiempo y lo mismo le pasó a la ciencia, puesto que ésta se ha extendido en el universo y ha descubierto que no es una depreciación de Dios, sino una revelación de Él. Cada vez se vuelve más evidente que todo el universo está, y puede estar, caracterizado por una palabra, *vida*, y no por la palabra *muerte*. De esa forma, el antiguo Evangelio regresa ahora con el apoyo de la ciencia.

Si usted sostiene una actitud tan anticuada y obsoleta que lo inclina a suscitar un conflicto entre la ciencia y la religión, es imperativo que regrese a la escuela. La ciencia demuestra ahora que este universo alberga una inmensa Mente y un gran Espíritu. Los hombres ilustres siempre han respaldado esta tesis. Sólo los científicos novatos, infantiles, afirmaban que la ciencia y el cristianismo eran incompatibles.

En una ocasión formé parte de unas expediciones arqueológicas en Tierra Santa, con algunos de los eruditos más prestigiados en el campo. Pregunté a uno de ellos si trataban de comprobar la Biblia.

—Nosotros somos meros científicos —respondió—. Estamos trabajando para descubrir lo que hay aquí. Las excavaciones no tienen la intención de resolver ninguna controversia

—después me miró y expresó—: ¿Qué pasa con usted? Nadie tiene que demostrar el valor de la Biblia. Desde hace mucho tiempo, la Biblia ha demostrado su valor por sí misma. Sin embargo, le diré algo que es irrefutable: todo lo que descubrimos comprueba lo que dice la Biblia acerca de las circunstancias de las épocas antiguas sobre las cuales estamos trabajando.

Por consiguiente, si la Biblia nos dice que hay una tierra más allá, que hay vida después de la muerte, que existe la inmortalidad, se puede estar seguro de que es un hecho. Y las grandes mentes siempre lo han sabido.

Recientemente he estado leyendo sobre la vida de un hombre a quien admiro desde que lo conocí hace años. Aun cuando, por supuesto, nunca conocí físicamente a sir William Osler, trabé contacto con su mente y su corazón. Hace años habló ante los estudiantes de Yale y sus palabras pasaron a la historia como el "Discurso de Gettysburg", un clásico inmortal. Sir William Osler está considerado como el doctor más eminente que haya practicado en Estados Unidos. Nació en Canadá, después dio clases en la Universidad Johns Hopkins y, por último, en Inglaterra. Cuando decidió irse de Estados Unidos, los financieros más importantes del país le ofrecieron cuantiosas sumas de dinero para que cambiara de parecer. Osler fue maestro de los hermanos Mayo y de Harvey Cushing, el notable neurocirujano.

El doctor Osler perdió un hijo en la Primera Guerra Mundial. Los mejores médicos del ejército estadounidense trataron de salvar al chico, pero sus heridas eran mortales. Con enorme pesar tuvieron que entregar a la tierra el cuerpo del hijo bienamado de su estimado jefe. Éste fue el principio del final para Osler, ya que el joven era su tesoro más preciado, el ídolo de su vida, el centro de sus sueños. Por último, unos cuantos años más tarde, cayó víctima de un padecimiento, el cual, con su docto entendimiento y su maravillosa capacidad de diagnóstico, supo que era fatal. En sus últimas horas, se observó que escribía algo en una pequeña hoja de papel. Cuando murió, tuvieron que quitar el papel de sus manos frías. Esto es lo que decía: "El trayecto casi ha terminado y el puerto está a la vista. Ha sido un viaje glorioso con tan buenos compañeros durante todo el recorrido, pero me voy con gusto porque mi hijo me está esperando en el otro lado".

Ahora bien, ¿están ustedes dispuestos a suponer que una mente como la de sir William Osler estaba equivocada, sobre todo cuando su fe se construyó sobre la esencia de la Palabra de Dios y la permanencia de Jesús de Nazaret, así como en la historia intelectual y espiritual humana? En ninguna parte del mundo, nadie ha refutado aún a Jesús. Él vive, y porque Él vive, nosotros también vivimos.

De tal suerte, cuando tenga usted que enfrentarse a la triste experiencia de ver que alguien a quien ama desaparece en la oscuridad, sólo escuche y oirá que esa persona dice: "Te veré en la mañana". Y cuando a usted también le llegue la hora de internarse en la oscuridad, comprenda, para su consuelo, que la oscuridad sólo es el preludio de la luz.

¿Alguna vez ha observado que nunca ha reinado una oscuridad que no haya dado paso a là luz? La luz es el gobernante del día, el sol; la luz es la respuesta, no la oscuridad. Una vez me encontraba en el colegio Mount Holyoke, visitando a mi hija Elizabeth, quien estudiaba ahí. Caminábamos por los jardines de esta hermosa universidad de Nueva Inglaterra y llegamos a un reloj de sol, el cual tenía la inscripción siguiente: "Para la visión más extensa, el borde de sombra es la línea de la luz". Meditamos y conversamos acerca de esas palabras. Faltaba el nombre del autor y no se ofrecía ninguna explicación. En la universidad enseñan a las chicas a pensar: tal vez quieren que también piensen acerca de ese concepto.

Con una visión pequeña, sólo se ve la sombra; con una visión más extensa, el borde de sombra es la línea o el inicio de la luz. Permítanme darles otro ejemplo. Una noche acudí al aeropuerto Idlewild para abordar un avión hacia París. Despegamos con mucho retraso, debido a algún desperfecto mecánico. De hecho, a la una de la madrugada. Era una noche sin luna y sin estrellas. Había lluvia en el aire y una ligera neblina; nos rodeaban la oscuridad y las sombras. Realmente es increíble que se pueda uno subir a un avión poderoso y atravesar la oscuridad en dirección al oriente sobre el océano nebuloso. La azafata recorría el avión bajando las persianas de las ventanillas y le dije:

—Por favor, no baje la mía; quiero ver lo que pueda.

—Está oscuro —me respondió—. ¿Por qué no duerme?

Permanecí sentado mirando la oscuridad y, apenas perceptible, a gran distancia —en París eran entonces las seis de la mañana— aparecía una delgada línea de luz dorada. Después de una hora y 800 kilómetros, de súbito esa línea de luz irrumpió en la asombrosa gloria del amanecer.

Así es como acontece. Cuando llega la hora final y reina la oscuridad más profunda, recuerde, sólo recuerde las palabras del reloj de sol: "Para la visión más extensa, el borde de sombra es la línea de la luz". "Te veré en la mañana."

Asimismo, ésta es la verdad en razón del universo en el cual vivimos. Éste no es un universo de materialismo. El materialismo no es más que una demostración de espiritualidad. El concepto fundamental de un universo pleno, extenso, vivo y dinámico está lleno de espíritu. Un prestigiado médico de Londres nos dijo una vez que no hay tejido en el cuerpo humano que no sea espíritu esencialmente. La carne mortal será, algún día, presa de la frialdad. Sin embargo, al dueño del cuerpo no le sucederá lo mismo. Todo el universo es espíritu en forma material. ¿Y ustedes mismos, no lo han sentido en ocasiones, en esos momentos más profundos que nos embargan a todos? ¿Qué son ustedes, entonces? ¿Mortalidad o espíritu? ¿Los veo yo a ustedes? ¿Me ven ustedes a mí? Yo veo el cuerpo de ustedes y ustedes ven mi cuerpo. Estamos usando nuestros cuerpos como instrumentos para transportarnos durante un tiempo. No obstante, usted y yo somos espíritu, y somos espíritu que debe vivir por el espíritu.

Muchas personas han tenido experiencias místicas que podríamos relacionar con lo anterior. En cierta ocasión predicaba en Georgia en una congregación metodista dirigida por mi buen amigo el obispo Arthur Moore. Había invitado, junto con los miembros de sus respectivas iglesias, a varios predicadores metodistas de Georgia. Era una verdadera reunión metodista de los viejos tiempos. ¡Y qué predicadores! El doctor Charlie Allen, de Houston, Texas, un larguirucho sureño conservador, estuvo maravilloso, y lo mismo el obispo Moore, uno de los más grandes predicadores de nuestros tiempos. Yo participé también con mi pobre plática *yanqui*, poco convincente, y se entonaron muchos cánticos.

Al término de la última reunión, el obispo Moore pidió a todos los predicadores que subieran a la plataforma y formaran un coro para cantar con los feligreses. Mientras se reunían, éstos cantaban esa vieja canción: "En la cruz, en la cruz donde vi por primera vez la luz, y se disipó la carga de mi corazón". Durante ese lapso, mientras los predicadores acudían desde sus lugares, yo estaba sentado en la plataforma. Todos caminaban por los pasillos, cantando ese viejo himno. En eso lo vi. Con la misma claridad que los veo a ustedes, vi a mi padre querido.

Antes de morir, mi padre sufrió varios infartos, apenas podía moverse y su voz era escasamente un susurro. Sin embargo, vi a mi padre que caminaba por el pasillo cantando, con una luz maravillosa en su rostro. "En la cruz, en la cruz donde vi por primera vez la luz..." Parecía como de 40 años, en magníficas condiciones, vigoroso, saludable y apuesto, y me sonreía. Cuando levantó la mano en un viejo ademán familiar, la visión fue tan real que me puse de pie de un salto. No sé qué habrán pensado las demás personas; pero en el gran auditorio sólo estábamos mi padre y yo. Después volví a sentarme y ya no lo vi más; pero era incuestionable el sentimiento interior de su presencia en mi corazón. De este modo, le puedo decir a mi querido padre: "Te veré en la mañana".

¿Por qué se resucitó a Jesucristo de entre los muertos? Para probar, para demostrar que nada puede superar el poder de Dios, nada, ni siquiera la muerte.

Lo que me gustaría preguntarles a ustedes y preguntarme a mí mismo es lo siguiente: ¿Están ustedes y estoy yo viviendo en el poder de esta resurrección? ¿O estamos derrotados? Mi convicción simple acerca del cristianismo es que si lo introducen realmente en su corazón, les dará un poder asombroso. El problema consiste en que la mayoría de nosotros sólo tenemos una versión débil; pero obtengan la clase de fe resucitada y en verdad tendrán algo que puede derrotar cualquier cosa.

Permítanme darles un ejemplo de esa posesión de poder en aquellos que viven en el poder de la resurrección. Estaba sentado en mi estudio con una dama menuda. Cuando se sentó en el sofá, sus pies ni siquiera tocaban el piso. Estaba vestida a la usanza china, pero era británica. Tenía ese maravilloso acento *cockney*[1] que siempre me ha gustado. Un día, en Londres, asistió a una reunión del Ejército de Salvación en la calle y se convirtió; y cuando digo que se convirtió, quiero decir que eso fue exactamente lo que hizo. Volvió a nacer.

---

[1] Dialecto de ciertos barrios populares de Londres.

Casi de inmediato se creó en ella un ávido interés. El caballero para quien trabajaba tenía una biblioteca excepcional sobre China y esta mujer empezó a leer sobre ese país.

Un día llegó su patrón y la encontró leyendo, y la reprendió.

—La contraté para sacudir el polvo y limpiar, no para que leyera mis libros.

—Perdón, señor, estoy tan fascinada con China que no pude evitarlo.

—Lea los libros, pero hasta que termine con el quehacer de la casa —la reconvino.

En eso, la mujer recibió *la llamada*. Estaba convencida de que Dios quería que fuera como misionera a China. Se dirigió al centro de control de las misiones y, por supuesto, todos los integrantes eran clérigos sumamente intelectuales y preparados, y le aplicaron una prueba intelectual que no aprobó. Le dijeron no, no está usted a la altura de nuestros estándares intelectuales; no puede ir. ¿Se molestó por eso? En lo más mínimo. Había recibido esa comisión de una fuente más alta que un centro de control.

La carrera de la misionera Gladys Aylward fue tan extraordinaria que, años más tarde, se filmó una película sobre ella, titulada *Inn of the Sixth Happiness*. Y fue una película fascinante. Esta pequeña Gladys Aylward, sentada en mi estudio, me contó acerca de la época en que acostumbraba predicar en las calles en Yangcheng y otras ciudades chinas. La pequeña joven *cockney* británica decía a la gente que ningún poder en la tierra podía prevalecer sobre un cristiano, que Dios y Jesucristo estaban con él y que, si se convirtiese en un alma resucitada, podría triunfar sobre el mundo. Esta prédica proseguía semana tras semana.

Un día, el gobernador mandó llamarla y le dijo:

—Nos encontramos en una situación terrible. Hay un motín en la prisión, donde sólo 12 soldados vigilan a asesinos y delincuentes. No podemos entrar; nos matarían, y uno de los peores hombres de la prisión se ha puesto como fiera. Tiene un enorme cuchillo de carnicero en la mano, ya mató a dos hombres y mantiene aterrorizados a los demás. Queremos que usted entre y le quite el cuchillo de las manos.

—Creo que ha perdido usted la razón, señor —respondió nuestra amiga.

—La he escuchado en la calle diciendo que su Dios siempre está con usted, la he oído hablar de Daniel en el foso de los leones y de cómo Jesucristo, en su corazón, la protegerá.

—Ah, pero me malinterpretó, señor.

—Entonces no ha estado diciendo la verdad —respondió el gobernador—. Sólo sé lo que le he escuchado decir y le creí.

La misionera sabía que, si quería predicar de nuevo, tendría que entrar en la prisión. Pidió al Señor que fuera con ella y se sintió extrañamente serena. Se presentó en la puerta de la prisión, los guardias la abrieron y la cerraron rápidamente, movidos por el temor. La mujer se encontró en un túnel largo y estrecho. Al final del mismo, pudo ver a varios hombres que corrían desordenadamente, gritando y blasfemando. La mujer oró: "Sé conmigo, Jesús".

Caminó hasta el fondo del túnel y vio al hombre con el cuchillo que goteaba sangre, persiguiendo a otro recluso. De pronto, estuvo frente a él. Permanecieron mirándose el uno al otro: la pequeña mujer y el gigante. La misionera fijó la mirada en los ojos atormentados y febriles del hombre y le dijo con toda calma:

—Entrégueme esa arma —hubo un momento de titubeo y después, con docilidad absoluta, él la puso en sus manos—. Ahora —continuó la mujer— pónganse en fila, todos ustedes; vuelvan a formar una fila —y se formaron, en completo silencio.

Una vez restablecido el orden, les preguntó:

—¿Cuáles son sus quejas? Yo se las transmitiré al gobernador y les aseguro, en su nombre, que se corregirán hasta donde sea posible.

La vida resucitada, la Resurrección de Jesucristo, concede poder espiritual para nosotros y para todo el mundo, y el poder para construir un mundo mejor en Su nombre. Y todos los que viven con Él pueden estar seguros de que se encontrarán de nuevo con los que aman y perdieron hace tiempo. Podrán decirles con toda confianza: "Te veré en la mañana".

8

Sin miedo a la vida, sin miedo a la muerte

El deseo fundamental de ustedes, y el mío también, es conservar la vida; y Cristo nos promete la vida, ahora y para siempre.

No obstante, ¿qué *es* la vida? ¿Es una sensación meramente física? ¿Es una rutina de la existencia diaria? ¿Funciona como un cuerpo humano? ¿O acaso podemos decir que la vida es una experiencia intelectual en la mente? Es todo esto, pero es más aún. En sus alcances más altos, la vida es conciencia; es sensibilidad profunda; es, si les parece, emoción, entusiasmo, vitalidad.

El famoso filósofo Lao-tse dijo que la vida se funda en las relaciones; cuantos más puntos toquen ustedes en la existencia diaria, tanto más vivos estarán. El cristianismo, con su don de la vida, nos vuelve más profundamente sensibles a nuestro ambiente y al mundo en el cual vivimos.

Una mañana oscura, triste y húmeda me dirigí a la cafetería de un hotel en un pueblo de Indiana. El lugar estaba lleno, excepto por una mesa para dos personas, en la cual me instalé. De pronto, observé a un hombre en la puerta y me im-

presionó la felicidad que se reflejaba en su semblante. La
capitana lo llevó a mi mesa y me preguntó si podía sentarse
conmigo; desde luego, le di la bienvenida. Estábamos sentados junto a una ventana y se podía oír el murmullo de la lluvia en el exterior. Sin embargo, el hombre me saludó con
estas palabras:

—¡Qué mañana tan fabulosa!

—Bueno, sí, supongo que sí; pero está lloviendo.

—Ah, sí, pero mire cómo se filtra la lluvia a través de las
oscuras ramas de esos árboles; y vea las gotas de lluvia, res-
plandecen como diamantes. ¿No es hermoso?

Para ese momento yo también estaba entusiasmado. En eso,
el hombre cambió de tema.

—Sabe, hay algo emocionante en el hecho de desayunar
en el comedor de un hotel, ¿no es verdad? Todo mundo se
está preparando para el día que los espera; nos rodea un aroma de comida; y mire el vapor que emana de ese café. ¿No es
hermoso?

Bien, yo soy un individuo optimista, pero pensé que eso
era en realidad una tomada de pelo. Así que le dije:

—Estoy interesado en esa actitud tan vibrante que muestra. ¿Cómo la obtuvo?

—Bueno, señor, se lo diré. Realmente amo a la vida —después continuó pensativamente—. Hace algún tiempo tuve un
serio accidente y mientras los doctores del hospital me aten-
dían, como desde alguna distancia lejana podía escuchar sus
comentarios: "Este hombre no tiene grandes probabilidades.
Sus lesiones son graves. Espero que podamos salvarlo". E incluso en mi estado semiconsciente, pensé: "¡Oh, no me quiero morir!"

"Mi condición fue muy delicada durante varios días, pero,
por la gracia de Dios, me recuperé. Y ahora todo es tan diferente, tan notoriamente maravilloso. Parece que nunca había

vivido antes realmente. Las personas son hermosas; el mundo es fabuloso; incluso las cosas más simples son emocionantes.

¿Qué le había sucedido a este hombre? Había experimentado una nueva conciencia, una profunda sensibilidad. Esa condición llamada vida, la cual damos por sentada y la consideramos como si fuese algo normal, había adquirido un intenso deleite. ¡Hagámosla emocionante! Piensen en ella, sólo piensen en ella: ¡Estamos vivos! ¿Pero, lo estamos en realidad?

La vida es para ahora y para siempre. La Biblia dice: "Porque yo vivo, vosotros viviréis también". La vida aquí en la tierra es muy hermosa; es un mundo glorioso; el mejor mundo que hayamos visto. Sólo Dios pudo haberlo hecho. Sin embargo, esta vida terrenal no es nada en comparación con lo que vamos a tener posteriormente. Tennyson, por ejemplo, aseveró: "La muerte es el lado brillante de la vida". La vida tiene dos lados, éste, en el que vivimos, y el otro. Tennyson decía que este lado es el sombrío. Cuando Robert Louis Stevenson llegó al punto de la muerte, su mente estaba muy despejada y dijo a aquellos que lo rodeaban: "Si esto es la muerte, es más fácil que la vida". Eso es lo que dicen acerca de la vida después de la muerte las personas que poseen una gran intuición, conciencia y sensibilidad.

Nunca traté personalmente a Thomas Alva Edison, aunque lo vi una vez. Sin embargo, sí conocí a la señora Edison y a su hijo, el gobernador Charles Edison de Nueva Jersey. En varias ocasiones visité el hogar de los Edison y tuve el privilegio de estar presente cuando abrieron el viejo escritorio de Edison en el centésimo aniversario de su nacimiento. Desde su último día de trabajo, no se había tocado nada. Había notas de futuros experimentos que tenía en mente. Se ha dicho que Edison tenía el cerebro más grande que haya existido en Estados Unidos. Era un genio, un genio científico. Y fue un científico exacto que nunca dijo nada en lo que no creyera.

La señora Edison habló acerca de la noche en que Edison estaba a las puertas de la muerte. De pronto, fue evidente que quería decir algo y tanto ella como el doctor se inclinaron muy cerca de sus labios. El gran científico, con una sonrisa en el rostro, murmuró: "Es muy hermoso el otro lado". Este gran hombre siempre informaba exactamente sobre lo que veía. ¿Debemos creer que, al final, Edison, quien se había dedicado a la exactitud, se convirtió de repente en un poeta soñador? Es difícil. Edison informó lo que vio: "Es muy hermoso el otro lado".

La persona sensiblemente consciente descubre que esta introspección es verdadera. En efecto, el otro mundo es un misterio. ¿Dónde está y qué es? ¿Está en algún paraíso situado en la lejanía, en lo alto del firmamento? Lo dudo. Dios trabaja en una forma práctica y científica. ¿Acaso no es más factible creer que esa vida después de la muerte está sobrepuesta a nuestra propia vida, que ocupa, por así decirlo, el mismo espacio? Estamos entrometiéndonos en otro mundo que rara vez vemos o sentimos, pero con el cual, en momentos de sensibilidad, existe comunicación.

Stewart Edward White escribió un gran libro titulado *The Unobstructed Universe*, en el cual nos ofrece una ilustración que es una obra maestra. Describe un ventilador eléctrico apagado: las aspas son gruesas; no se puede ver a través de ellas. Sin embargo, cuando se enciende el ventilador, su velocidad de rotación alcanza una frecuencia tan alta, que se puede ver muy claramente a través de dichas aspas. Por consiguiente, ¿no es posible que podamos conectarnos a una corriente espiritual, elevarnos a una frecuencia más alta, y en momentos de profunda sensibilidad, tener alguna forma de comunicación con el mundo del otro lado?

Jesús se apareció y desapareció, y reapareció ante sus discípulos. Estos ires y venires estaban diseñados para mostrarnos que no estaba muerto, ¡sino vivo! Él repitió: "Porque yo vivo, vosotros viviréis también".

Por lo tanto, quiero decirles a ustedes, amigos míos, que si sienten que han perdido a un ser querido, no es así en absoluto. Ese ser querido está en el otro lado y el otro lado no está lejos de ustedes. Nuestros seres amados tienen su propia existencia y viven gloriosamente en el reino celestial. Sin embargo, no están muy lejos. Y, en ocasiones, el velo puede correrse por una fracción de segundo. Cuando ustedes y yo partamos hacia el otro lado, estaremos con ellos, para siempre y para toda la eternidad. Esto es lo que significa la perpetuidad de la vida; es una conciencia, una sensibilidad, una percepción.

Éste es un tema inconmensurable, un tema enorme, tal vez demasiado vasto para que un ser humano trate de manejarlo en vez de limitarse a afirmar su propia fe basada en la experiencia espiritual. Sin embargo, hay otro aspecto en el tema de la vida, y consiste en que no necesitan esperar a morirse para resucitar. Es nuestra fe la que resucitaremos más tarde, y ésa es una experiencia suprema. No obstante, podemos experimentar una resurrección aquí y ahora. Y la mayoría de nosotros necesita ser resucitado. Necesitamos elevarnos de nuestro ser muerto hacia esa vida más alta para la cual estamos destinados.

En efecto, nuestra vida avanza por el río del tiempo. Todos nosotros estamos inmersos en su seno y se nos transporta implacable, irresistiblemente a través de los años.

Desafortunadamente, no es frecuente que pensemos en el destino de nuestra vida. Muy a menudo vivimos nuestros días superficialmente sin considerar estos hechos más profundos de la existencia. Sin embargo, llega el momento en el cual se pone de manifiesto el paso del tiempo y nos damos cuenta de que no somos más que peregrinos, viajeros que transitamos desde la fecha de nuestro nacimiento hasta la hora de nuestra muerte, transportados, irresistiblemente, en el perdurable río del tiempo.

Hace algún tiempo, me encontraba en un avión con destino hacia Cincinnati, Ohio, el hogar de mi juventud. En su descenso hacia el aeropuerto, el avión sobrevoló el río Ohio, que se localiza a poco más de 30 kilómetros hacia el interior de Kentucky. Cuando miré desde el lado izquierdo del avión, tuve una vista momentánea de un lugar familiar. Hace muchos años, cuando yo era pequeño, se acostumbraba celebrar reuniones religiosas de campo en esa área, una de esas antiguas reuniones evangelistas de verano. Mis padres siempre asistían y nos llevaban a mi hermano y a mí con ellos.

Estaba en la orilla del río en un punto donde un pequeño muelle sobresalía de la corriente fangosa del hermoso río Ohio. De niño, me fascinaba el curso de la corriente. Reconocía el poderío y majestad de ese río, ya que su caudal, casi todas las primaveras, invadía las ciudades y pueblos cercanos, llegando algunas veces tan lejos como la Calle Cuatro en Cincinnati. La gente tenía que usar botes de remos. Y, en esa etapa de mi niñez, solía ir al muelle, lanzar guijarros al agua y observar el rápido torrente, el cual aparecía por un recodo en ese punto, llevándose las piedrecillas hacia el Mississippi.

Mi padre, quien siempre fue joven de corazón hasta el día que abandonó este mundo mortal, solía llevarnos al muelle a mis hermanos y a mí y junto con nosotros lanzaba guijarros a la corriente. Sin embargo, como predicador, siempre veía una lección en todo lo que hacíamos. Podía citar las Escrituras y siempre encontraba el pasaje indicado para cada ocasión.

Tenía la costumbre de señalarnos y decirnos: "¿Norman, Robert, Leonard, ven esos guijarros? Bien, nunca se concentren demasiado en sí mismos, ya que el río del tiempo los arrastrará como lo hace con los guijarros". Y añadía: "Recuerden servir a Dios y hacer el bien mientras estén aún flotando en el río del tiempo".

Pues bien, ese día, cuando mi avión voló sobre ese punto, pensé en los guijarros y en mi padre, a quien se había llevado el río del tiempo. ¿Pero sucedió, en realidad? ¿El río del tiempo les ha arrebatado a sus seres queridos? Pueden estar seguros de que no ha sido así en lo absoluto. Hace algunos años, un distinguido gobernador general de Canadá, lord Tweedsmuir, dijo: "El tiempo no destruye. El tiempo consagra".

Sus seres queridos no han sido destruidos. Están consagrados en el tiempo, en el recuerdo, en sus propias vidas, para siempre. Un himno que mi padre citaba con frecuencia transmite un mensaje para el final del año.

> Oh, Dios, nuestra ayuda en tiempos pasados.
> Nuestra esperanza para los años por venir.
> Nuestro refugio cuando amaga la tormenta.
> Y nuestro hogar eterno.

Y así permanecimos en la orilla del río del tiempo y reflexionamos en el transcurso y significado de los años fugaces que Dios Todopoderoso nos ha dado. La Biblia es un libro maravilloso, escrito por personas con una gran percepción, que vieron la gloria y el poder y el drama de la existencia humana. En el último libro, Revelaciones, el quinto verso del capítulo 21 nos dice: "Poned atención, yo haré nuevas todas las cosas".

Es una sucinta exposición de lo que es el cristianismo. No es una religión de la antigüedad, no es algo que se ha desgastado. Más bien, es una religión de innovación.

El mensaje fundamental del cristianismo lo pronunció por primera vez una mujer junto a la tumba con estas sencillas palabras: "No temáis, porque Él ha resucitado".

¿Qué significa eso? Significa que Él está con nosotros y que nos da Su invencibilidad. Nos confiere Su invaluable capacidad para superar cualquier derrota. El verdadero cristiano, cuando finalmente introduce esta conciencia en su mente —la noción de que él, con Cristo, se ha elevado sobre cualquier derrota—, ha interpretado la verdadera esencia de la vida. Este mensaje nos dice:

> No es necesario que sientas temor ante nada; ni siquiera de la vida con todas sus inseguridades, sus vicisitudes, sus conflictos, sus incertidumbres, o la muerte misma incluso. Si desarrollas dentro de ti mismo el mecanismo automático de la fe para apoyarte en cualquier crisis, no necesitas sentir miedo.

Cuanto más vivo, tanto más me impresiona la grandeza de los seres humanos. Pienso que las personas son positivamente maravillosas; en especial, aquellas que han asimilado el espíritu de la resurrección. Un día, se me pidió que visitara a una mujer que estaba muy enferma en el hospital. En cuanto entré en su habitación, le pregunté cómo estaba. Quedé sorprendido ante la franqueza de su respuesta. Con una sonrisa excepcional y hermosa, dijo: "Debo admitir que en lo físico estoy mal. Sin embargo, mi espíritu y mi mente están muy bien. Podría decirle también que voy a morir físicamente".

La miré a los ojos y comprendí que era una gran alma. Por lo tanto, omití la afirmación superficial y convencional de que no iba a morir; ella estaba en lo correcto. Nunca olvidaré la serenidad, la objetividad con que enfocaba el acontecimiento que horroriza a tantos otros. Su actitud era la de una persona que se prepara para un largo viaje, un viaje hermoso, incluso. El miedo no se percibía, sólo prevalecía una sublime confianza en el Maestro.

Enseguida, me dijo: "La razón por la cual quería verlo no es que necesitara un consuelo en particular, sino que deseaba apremiarlo a que continúe predicando el mensaje de esperanza y fe de Cristo, que continúe diciéndole a la gente que si encuentra a Jesucristo y establece un estrecho compañerismo con Él, Él los ayudará en todas las formas posibles". La hermosa sonrisa cruzó de nuevo su rostro. "Él está tan cerca de mí." Y añadió otra frase que resuena como una campana en mi mente: "No tengo miedo a la vida; no tengo miedo a la muerte".

Ésa fue una de las experiencias humanas más impresionantes que he tenido en la vida. Cuando me levanté para irme, sabiendo que no la volvería a ver, me detuve al pie de la cama para despedirme. "La saludo como una gran dama, una de las más grandes que haya conocido. Usted no teme a la vida, no teme a la muerte. Por lo tanto, ha ganado la más formidable de todas las victorias posibles. A dondequiera que vaya en el inmenso reino de la eternidad, Jesucrito estará con usted."

Esta mujer no temía a la vida, pero hay tantas personas que sí le temen. Tienen miedo de todo lo que la vida les depare o de lo que tal vez no les otorgue, o de todo lo que la vida les pueda ocasionar. Los amedrentan, por ejemplo, las inseguridades de este mundo. Tenemos una generación que siente un miedo específico ante la inseguridad. Muchos otros temen a las enfermedades. Constantemente leemos en los diarios notas sobre personas que sufren ataques cardiacos o desarrollan cáncer u otros padecimientos. Ignoro por qué hacen esto los diarios, pero abordan estos problemas incesantemente. En este aspecto, esas publicaciones son los incitadores de miedo más notorios que se hayan creado en la historia de la humanidad.

Los seres humanos, llenos de una sensación de inferioridad e incapacidad, temen a la enfermedad, a la falta de dinero, a las situaciones económicas, a la posibilidad de que no estén desempeñando bien su trabajo. En medio de la vida, temen a todas las crisis en que nos puede sumir la vida. El vivir es una experiencia aterradora para muchos.

¿Cómo podemos llegar al punto en el cual no sintamos miedo ante la vida? En pocas palabras, resuciten, transfórmense, conviértanse. Entonces, sus espíritus estarán llenos con la invencibilidad de Dios en el nombre de Jesucristo. En esa forma, la fe estará tan profundamente enraizada en su interior, que cuando las crisis los afecten de repente, como sucede algunas veces, automáticamente podrán enfrentarse a la vida y no sentir miedo.

E. C. Edgar, un periodista británico, era un reportero insaciable. Edgar tuvo que someterse a una operación muy delicada y por alguna razón no pudieron aplicarle anestesia general. Lo más peculiar en este caso es que él insistía en que, de todos modos, no quería anestesia general, ya que deseaba analizar su experiencia. Durante la cirugía registraron la actividad de su corazón y, en ocasiones, disminuyó en forma alarmante. Después de la operación, informó que cuanto más profundamente se hundía, menos deseaba regresar. Hubo un momento —y el médico lo corroboró más tarde— en el cual Edgar decidió que no quería regresar; se estaba dejando llevar. Lo que veía, mientras se aventuraba más y más en el río, era algo tan maravillosamente hermoso que lo atraía indescriptiblemente.

Les hablaré también de un amigo mío, meteorólogo durante muchos años. Yo estaba con él cuando llegó su hora de morir. Cuando la bruma del valle lo envolvía, de pronto le dijo a su hijo, que estaba sentado junto a él: "Jim, veo unos hermosos edificios. Y en uno de ellos, hay una luz, y la luz es para mí. Es muy, muy bella". Poco después se había ido. Jim y yo estamos seguros de que está en un lugar de paz y belleza.

Jim comentó después:

—Mi padre nunca informó sobre un centímetro más de lluvia de la que cayó en realidad. Nunca informaría de nada que no fuera un hecho verdadero. La larga costumbre de los años no podía cambiar. Estaba informando sobre lo que veía.

¿Qué dicen las Escrituras? "No temáis, porque Él ha resucitado."

Paul creía en el Señor resucitado. Vivió confiando en Jesús. Confió en Él en la vida y en la muerte, sabiendo que resucitaría con Él en esa tierra de belleza que es mucho más hermosa que el día. Nosotros, los hijos de Jesucristo, podemos vivir con Él y no temer a la vida ni a la muerte.

9

El principio de la inmortalidad

La verdad más increíble es que existe un poder por medio del cual podemos superar cualquier miedo, cualquier forma de derrota, incluso la última gran experiencia de la vida mortal: la muerte misma.

Si tuviésemos que elegir un enunciado para expresar esta formidable verdad, sería el siguiente: "Yo soy la resurrección y la vida; quien cree en Mí, aunque muera, revivirá. Y todo el que crea en Mí, no morirá jamás". Esto, reconozco, es un inmenso supuesto, y una afirmación igualmente importante. Sin embargo, a ustedes les será fácil descubrir que el cristianismo siempre se expresa en superlativos. La Biblia promete las cosas más asombrosas y puede cumplir cada promesa. En ocasiones, incluso la Biblia se queda corta de palabras descriptivas, tan grandes son las maravillas de las que habla. Finalmente, "Ojos no han visto, ni oído ha escuchado, ni han penetrado en el corazón del hombre [es decir, imaginado], las cosas que Dios ha preparado para aquellos que lo aman".

Por lo general, suponemos que la palabra "resurrección" se relaciona con la vida después de la muerte en la eternidad.

91

Sin embargo, la Biblia no contiene esa separación del tiempo; ahora estamos en la eternidad. Estamos en un flujo constante de vida inmortal. De hecho, la Biblia ni siquiera reconoce la muerte como una posibilidad, excepto la muerte del alma. Por lo tanto, la palabra "resurrección" significa que un hombre, incluso si muere mientras vive, puede ser resucitado. Ustedes saben, igual que yo, que existe un buen número de personas muertas sin enterrar que hoy caminan por el mundo.

¿Qué significa estar vivo? Un hombre que toca la vida en cien puntos, digamos, está dos veces más vivo que un hombre que sólo la toca en cincuenta puntos. Cuando se pierde la ilusión, cuando se pierde la facultad de asombro, cuando se pierde la capacidad para conmoverse profundamente, cuando nunca se llora por ninguna causa, cuando ya no se emociona uno con lo bueno, lo magnífico, cuando ya no se tienen sueños o ya no se ven visiones, cuando la vida se ha vuelto tediosa, muerta, inerte, aunque se puedan tener 20 años de edad y se esté físicamente sano, algo ha muerto en esa persona. Necesita resucitar.

Hay una composición que se ha citado extensamente. Es uno de los pasajes más bellos que he leído en mucho tiempo. El general Douglas MacArthur, uno de nuestros maestros contemporáneos más grandes del idioma inglés, lo pronunció en un discurso. Permítanme citarla para ustedes:

> La juventud no es una etapa de la vida, es un estado mental. No es una cuestión de mejillas redondeadas, labios rojos y rodillas flexibles; es una disposición de la voluntad, una cualidad de la imaginación, ¡un vigor de las emociones!
>
> Significa un predominio temperamental de valor sobre la timidez, de apetito por la aventura por encima del amor a la tranquilidad.
>
> Nadie envejece tan sólo por vivir un número de años; las personas envejecen cuando renuncian a sus ideales. Los años

arrugan la piel, el abandono del entusiasmo arruga el alma. La preocupación, la duda, la autodesconfianza, el miedo y la desesperación se convierten en los largos, largos años que inclinan la cabeza y devuelven al polvo el creciente espíritu.

Ya sea que se tengan 70, o 16 años, en el corazón de cada ser está el amor por lo prodigioso, el dulce asombro ante las estrellas, y las cosas y pensamientos semejantes a las estrellas, el indómito reto de los acontecimientos, el inagotable apetito infantil por lo que sigue, y el júbilo y el juego de la vida.

Tú eres tan joven como tu fe, tan viejo como tu duda; tan joven como tu confianza en ti mismo, tan viejo como tu miedo; tan joven como tu esperanza, tan viejo como tu desesperación.

En el lugar central de tu corazón hay una estación receptora; mientras reciba mensajes de belleza, esperanza, alegría, grandeza y poder, seguirás siendo joven.

Cuando se derrumben los cables y todo el centro de tu corazón esté cubierto con la nieve del pesimismo y el hielo del cinismo, entonces sin duda habrás envejecido.

Y, yo añadiría, estarás muerto en el alma. El hombre nunca estuvo destinado a la muerte; está destinado a vivir. El gran don que ofrece el cristianismo es vida, vitalidad, prodigios, entusiasmo, poder. Y la resurrección de los muertos continúa todos los días. Yo he visto a Jesucristo resucitar a personas de entre los muertos. "Él habla, y, al escuchar Su voz, los muertos reciben nueva vida." Lo he visto con mis propios ojos. Me llena un infinito entusiasmo por la capacidad de Jesús para traer de nuevo a las personas de entre los muertos. En ocasiones siento que me muero en mi interior. La vida se vuelve difícil. La vida se vuelve preocupante. La presión es intensa. Cualquiera puede morir interiormente. Sin embargo, no es necesario hacerlo; Él está aquí para resucitarnos.

Si ya no tienen el entusiasmo, la emoción, la ilusión, el poder indomable de la vida que tenían hace años, sométanse al toque del Jesús recreativo y permitan que Él les devuelva lo que han perdido, tal y como Él puede hacerlo.

Si lo considerara necesario, trataría de demostrarles que la muerte no existe, pero hace tiempo que renuncié a ese intento. No tenemos que probarlo excepto para satisfacer nuestras propias naturalezas inquisitivas. De vez en cuando un científico les dice que cuando mueren, están muertos y ése es el final. Lo afirma con un aire como si toda la sabiduría humana residiera en él. ¿Cómo lo sabe? ¿Quién se lo dijo? No sabe más al respecto que nosotros. Sin embargo, los científicos de hoy en día se están acercando a la creencia de que es posible verificar las antiguas declaraciones de la Biblia acerca de la inmortalidad del alma.

Yo, como predicador de la religión cristiana, les manifiesto que no tengo ninguna duda sobre la continuación de la vida después de que ocurre lo que llamamos "muerte". Personalmente, estoy absolutamente seguro. Tengo la certeza de que nuestros seres queridos que nos han precedido viven en un área de vida que es más grande de lo que ahora conocemos, y, en efecto, están muy cerca de nosotros. ¿Qué es la vida después de la muerte? Pienso que el concepto más satisfactorio es que es una frecuencia diferente. Ésa es la razón por la que, de vez en cuando, parece que escuchan, como dijo Robert Ingersoll: "En la noche de la Muerte, la Esperanza ve una estrella y el Amor en escucha puede oír el susurro de un ala". Estas experiencias místicas, las cuales surgen de cuando en cuando, se deben a la cercanía con que la vida después de la muerte influye en nuestra propia vida presente.

Entre muchas razones para mi fe, creo esto porque lo leo en la Biblia. La Biblia no dice lo que no es. Durante muchos años la he leído, y nunca me ha fallado. No la entiendo a plenitud, pero es perfectamente confiable o no persistiría después de 2 000 años, mientras todos los demás libros desaparecen. Henri Bergson, el filósofo francés, nos dijo que encontramos la verdad por percepción, por intuición. Razonamos hasta un punto; después damos un salto por intuición y "obtenemos" la verdad en una indicación relampagueante.

Cuando murió mi madre, la eché de menos físicamente, y sin embargo, en el presente no noto su falta porque descubrí que está conmigo. Mi madre tenía una conversación muy amena, pero lo más importante era que, cuando hablaba, decía algo sustancioso. Le era difícil permanecer sentada e impávida durante una reunión solemne, ya que siempre encontraba algo que le parecía gracioso. Continuamente me daba muchas ideas nuevas y creativas. Pasé tiempos maravillosos con ella, ya que tenía una personalidad fascinante. De vez en cuando solía ir a casa en Ohio y, por lo general, me las arreglaba para llegar a la hora del desayuno, puesto que era un alimento en el cual creía mi madre. Pertenecía a la antigua escuela de estadounidenses que insistían en que el desayuno estaba hecho para los hombres. En la mesa del desayuno, esas reuniones fueron ocasiones gloriosas.

Enterramos su cuerpo físico en un pequeño cementerio pueblerino en el sur de Ohio. Ese día sentí un enorme peso en el corazón. Fue en el verano, y cuando vino el otoño, quería estar con ella de nuevo. Pasé toda la noche viajando en el tren y continuamente me decía a mí mismo que nunca volvería a ser como antes. Llegué a ese pequeño pueblo en un día de otoño frío y nublado y caminé al cementerio. Las hojas caídas crujían a mi paso. Me senté junto a la tumba de mi madre, muy solitario, sintiéndome muy pequeño y triste.

En eso, de pronto, las nubes se abrieron y apareció el sol trayendo consigo el colorido otoñal de las colinas de Ohio, donde yo había crecido y donde mi madre había jugado cuando pequeña. Sentado ahí, me pareció "oír" su voz. Fue como si me dijese: "¿Por qué buscas a los vivos entre los muertos? No estoy aquí. ¿Crees que se me podría tener prisionera en ese lugar oscuro y lleno de consternación?" Súbitamente, me sentí feliz en el interior y supe la verdad: ella vivía. Pude haber gritado de júbilo. Estaba tan feliz. Me puse de pie, coloqué la mano sobre su lápida y la vi como lo que era, sólo un lugar para depositar los restos mortales de un cuerpo que fue querido, como una chaqueta que se descarta cuando el usuario ya no la necesita. Salí del camposanto y sólo he vuelto una sola vez.

Sí, en el universo existe un factor misterioso. Es un universo dinámico lleno de misterio y de belleza.

Hay un libro maravilloso, *A Man Called Peter*, escrito por Catherine Marshall, esposa de Peter Marshall, quien una vez fue capellán del Senado de Estados Unidos y uno de los predicadores más grandes que ha producido este país. Peter Marshall murió a la edad de 46 años porque tomó todo lo que tenía y lo vertió en la construcción de un reino de Dios. Se consumió a sí mismo y murió de un ataque al corazón, el cual lo sorprendió a mitad de la noche. Se le llevó al hospital; su esposa no sabía que nunca lo volvería a ver con vida. Catherine oró para que se salvara. Mientras rezaba, dice que se sintió envuelta por la más infinita expresión del amor de Dios. Tuvo una sensación de paz indescriptible. Pensó que eso significaba que viviría su esposo, pero a las ocho de la mañana se le dijo que había muerto.

Cuando Catherine entró a la habitación del hospital donde yacía el cuerpo de su marido, "vio" dos presencias luminosas. Catherine relata que no las vio con sus ojos físicos, sino con sus ojos espirituales; dos presencias cálidas, su esposo y el Señor. Permanecieron con ella por algún tiempo, y declara que fue la experiencia más intensa de su vida. Cuando las presencias desaparecieron, persistió la gloria.

Esto se apega a lo que Jesús nos enseñó con sus apariciones y reapariciones. Es como si Él nos estuviese diciendo: "Cuando no me veáis, eso no quiere decir que no esté ahí". Aquellos que mueren en el Señor, viven con Él, y por lo tanto, viven con nosotros igual que Él. El espíritu humano tiene experiencias místicas que verifican esta verdad. El universo está lleno de fuerzas dinámicas, místicas, electrónicas, atómicas, las cuales nunca antes hemos comprendido.

El cristianismo es algo vivo. Tiene un poder fabuloso. Es un principio de vida inmortal. Es la resurrección de la vida sobre toda derrota, sobre la muerte misma.

10

La eternidad es ahora

Si las personas entregaran su vida a Jesucristo, tendrían la vida eterna. Estoy convencido de que ese enunciado es un hecho. Cuando viven ustedes la Pascua realmente, adquieren una de las comprensiones más sutiles de todo el mundo, es decir, que sus seres queridos que se han ido de este mundo, y ustedes, ustedes mismos, son ciudadanos de un universo dinámico, un universo que no es material, sino espiritual.

Ahora bien, la Biblia ha tratado de decirnos —e ignoro por qué nunca lo hemos comprendido plenamente— que en el momento de la resurrección, Él se apareció ante muchas personas. Lo veían y después se desvanecía. El camino a Emaús es un brillante ejemplo de esas apariciones. Dos hombres iban caminando, y de repente, se les unió un talentoso desconocido. Posteriormente, se dijeron el uno al otro: "¿No es verdad que nuestro corazón estaba ardiendo dentro de nosotros, mientras nos hablaba en el camino...?" (Lucas 24:32). Después, cuando se disponían a hablar con Él, ya había desaparecido.

Estas manifestaciones tenían el objetivo, yo creo, de subrayarles a los humanos que aun cuando parecía que se había ido, no era así en realidad, sino que vive. A fin de que esto fuera evidente como una experiencia universal de la humanidad, Jesús dijo: "Porque Yo vivo, vosotros viviréis" (Juan 14:19), lo cual quiere decir que el solo hecho de que ya no podamos ver a nuestros seres queridos en carne y hueso no significa en absoluto que no estén vivos. Están aquí y vivos en este universo dinámico y misterioso.

El día que recibí la noticia de la muerte de mi madre, fue la primera vez que empecé a pensar de conformidad con este concepto. Yo estaba en la ciudad de Nueva York; ella murió en la parte norte del estado. Me dirigí a la iglesia Marble y me senté en el púlpito. ¿Por qué actué en esa forma? La razón es que mi madre me decía constantemente: "Norman, siempre que estés en ese púlpito, yo estaré contigo". Por lo tanto, lo hice porque quería sentir su presencia. Después, me fui a mi estudio. Sobre la mesa, tenía una Biblia; y ahí estaba esa mañana y ahí ha estado desde entonces. Ahora está vieja y desgastada. Esa Biblia permanecerá en el mismo lugar todo el tiempo que yo esté ahí, y después me la llevaré conmigo a cualquier parte que vaya. Nunca predico un sermón sin que haya puesto primero mis manos sobre esa Biblia. Sigo ese hábito porque esa mañana, mientras tenía la mano sobre ella y permanecía de pie mirando hacia la Quinta Avenida, de pronto sentí dos manos ahuecadas que descansaban suavemente sobre mi cabeza. Y tuve un sentimiento de júbilo inexpresable.

Para mi infortunio, siempre he tenido una mente filosófica, racional, inquisitiva. Incluso entonces, empecé a reflexionar sobre esta experiencia, razonando que era una alucinación causada por la pena. Sin embargo, ni siquiera yo creí en mi propio intento de razonamiento. "Norman", me dije a mí mismo, "por qué no elevas tu mente a una altura de creencia espiritual y comprendes que estás en un universo dinámico, que la Biblia está en lo cierto cuando dice: 'Benditos sean los que mueren en el Señor' (Rev. 14:13) y 'Porque Yo vivo, vosotros viviréis'."

Si así lo desean, pueden dejar que su mente funcione negativamente en cuanto a este concepto. Sin embargo, escuchen, ¿acaso no vivimos en una generación de prodigios indescriptibles? ¿Hace 50 años, alguna persona soñaba con lo que ahora sabemos de nuestro universo material? ¿Y serían ustedes tan escépticos como para no dar por sentado que ahora estamos empezando a conocer la existencia de ese inmenso mundo espiritual? Quiero decirles que todo lo que nos rodea es una gran nube de aquellos a quienes amamos. Si ustedes permanecen muy quietos y levantan la vista como un niño pequeño, casi podrán sentir el contacto de la mano de su madre. Podrán ver su rostro y la luz de sus ojos grabados en el corazón y oír su voz. Después de todo, ¿acaso no somos todos niños pequeños? Ellos vivieron y aún viven para siempre en este universo dinámico.

No obstante, también me digo a mí mismo: tendría un gran temor de no vivir una vida cristiana porque no puedo obtener de la Biblia más que eso: "Mas el alma que pecare, ésa morirá" (Ezequiel 18:4). Se nos dice que las personas que tienen vida en la eternidad son aquellas que poseen vida espiritual en el tiempo. Si quieren continuar en este universo dinámico, mediten cuidadosamente esa profunda verdad. Los predicadores de días pasados tenían razón cuando decían que sólo vivimos si derrotamos al pecado, ya que el pecado es lo que nos destruye. En el lenguaje popular moderno, su retribución es la muerte; en la frase clásica, "porque el salario del pecado es la muerte" (Romanos 6:23).

Yo creo en la victoria. Yo creo que al ser humano se le colocó aquí para superarse, para conquistarse a sí mismo, a su ambiente, para darle valor a su persona. No concuerdo con quienes quieren que los seres humanos lleguen a un compromiso y se rindan. ¿Cómo es posible que un hijo de Dios no quiera ser victorioso? Nada en este mundo puede oponerse a la espiritualidad. Jesús conquista la muerte; nosotros conquistamos la muerte por medio de Él.

Consideren la cruz. ¿Alguna vez se les ocurrió que la cruz es un signo de más? Desde luego, no es un signo de menos. ¿Acaso no dice la Biblia que el cristianismo mismo es proceso de suma? "Buscad, pues, primero el reino de Dios" —es decir, la Cruz— "...y todo eso se os dará por añadidura" (Mateo 6:33). Se agregará, no restará.

¿Qué significa realmente la resurrección de Cristo? Significa exactamente lo que he dicho. Significa que no hay nada en el mundo que pueda vencer al espíritu de Cristo en la vida humana.

La resurrección no es un proceso por medio del cual se saca un cuerpo de una tumba, o se le da forma de nuevo al polvo, para que el cuerpo físico viva otra vez. La resurrección es que acepten a Jesucristo mentalmente, se identifiquen con Él, sean una parte suya, y Él parte de ustedes, y por medio de esta identificación con el Cristo inmortal tengan una vida eterna. Vivir con Jesús es vivir en la mente. Aun cuando su cuerpo se pueda colocar en una tumba, *ustedes* nunca estarán en una tumba, nunca. ¿Cómo se puede encerrar a un espíritu en una tumba?

Aquí tenemos ahora otra gran manifestación de estos hechos: "Y la vida eterna es que te conozcan a Ti, solo Dios verdadero, y a Jesucristo, enviado tuyo" (Juan 17:3). La vida eterna es identificarse en la mente, en la personalidad, con Dios.

Y he aquí otro texto: "Sabemos que si este tabernáculo de nuestra mansión terrestre se desmorona, tenemos de Dios un edificio, casa no hecha de manos, eterna en los cielos" (2

Corintios 5:1). Tabernáculo. ¡Qué espléndida palabra! He tenido este cuerpo durante tantos años. ¿Por qué lo tengo? Para que pueda habitarlo. A la larga, llega el momento en que mi cuerpo envejece, se debilita o enferma, y muere. Se desmorona. Sin embargo, el bendito Evangelio me dice que entonces se me dará otro cuerpo. Tal vez ese otro cuerpo ya existe en la naturaleza total. Tal vez, en algún modo, sea similar a la forma del cuerpo físico —eso no podría decirlo—. Sin embargo, sus elementos no son materiales, sino espirituales. Ésos son los misteriosos designios de Dios.

Llegó el día en que presencié el entierro del cuerpo físico de mi querido padre. Yo lo había conocido cuando era sereno, recto y fuerte, un hombre maravilloso. Después, con el paso de los años, vi que su cuerpo se debilitaba, impedido por hemiplejía tras hemiplejía, sus manos nudosas y su voz tan baja que apenas se podía oír. Al fin, un día se acostó y el tabernáculo terrestre emitió el último suspiro. El doctor salió de su habitación y dijo: "¡Fue todo un caballero! Ya no hay muchos como él. La luz de la razón brilló en sus ojos hasta que se los cerré".

Llevé de regreso a Ohio el cuerpo de mi padre, acompañado por la familia, y ya en el cementerio me propuse decir las últimas palabras. No quería hacerlo porque estaba deshecho por el dolor; pero sabía que él lo hubiese deseado, por eso lo hice. El tabernáculo terrestre se había disuelto. Y leí estas palabras: "Sabemos que si este tabernáculo de nuestra mansión terrestre se desmorona, tenemos de Dios un edificio..."

¡Cuán infinita es la bondad de Dios! Jesús dijo: "En la casa de mi Padre hay muchas moradas; y si no, os lo habría dicho". Dios no los decepcionará en sus más altas percepciones de la verdad. Jesús nos dijo también: "...voy a preparar lugar para vosotros... a fin de que donde Yo estoy, estéis vosotros también". "Porque Yo vivo, vosotros viviréis" (Juan 14).

Introduzcan esta idea en su mente, introduzcan esta fe en su alma y penetrarán a la vida eterna ahora mismo. Ahora ya están en la vida eterna. La noción de que la eternidad está en el futuro lejano es errónea. Las grandes realidades de la vida no están encerradas en el tiempo en esa forma. Incluso ahora, nos encontramos en la corriente de la eternidad misma. Dostoievski, el gran pensador ruso, dijo: "Somos ciudadanos de la eternidad".

¿Están ustedes viviendo y usando su mente como ciudadanos de la eternidad? ¿O se están permitiendo ser víctimas de sus sentidos físicos? ¿Viven conforme a las sensaciones de su sentido del tacto, o del sentido del gusto? Recuerden que el tabernáculo físico se desmoronará después de un tiempo y no tendrán tacto o sabor físico, ya que morirán con el cuerpo. Entonces se les darán sentidos y sensibilidades más allá de lo que hayan soñado jamás aquí en la tierra. Por consiguiente, ahora es el momento para cultivar el sentido de la eternidad, la fe en la eternidad, el gusto persistente de la eternidad.

Sin embargo, con seguridad aún se preguntan: ¿cómo sabe todo eso? He dicho que lo sabemos por las Escrituras. Y, además, el mundo que nos rodea rinde testimonio de esta verdad. ¿Alguna vez han vivido prestando atención a este mundo? ¿Saben realmente de qué está compuesto? Muchos seres humanos son como una persona que va a consultar a un oculista. Su visión es pobre porque su enfoque no está bien. Van de un lado a otro como si estuviesen a media luz, viendo las cosas desenfocadas. El oculista le corrige la vista y la persona empieza a ver con claridad.

Este mundo ha sido concebido por algunas personas religiosas como una clase insignificante de mundo. Se han imaginado un sistema mecánico completo y piensan que eso es. ¡Cómo es posible! El Dios que hizo este mundo es un Dios formidable. Hay fuerzas indecibles que no comprendemos.

Y detrás de esas fuerzas, hay miles de otras fuerzas en las que nunca hemos soñado siquiera. ¡Veamos lo que conocemos hoy por medio de la ciencia, en comparación con lo que sabíamos hace 50 años! Sin embargo, las fuerzas que ha descubierto la ciencia estuvieron aquí todo el tiempo. Sólo las hemos encontrado, eso es todo. Todo el universo está lleno de vida. Y Dios, que fue quien colocó estos fenómenos en el mundo, también otorgó la inmortalidad al mundo.

11

Vivir ahora y después

El tema de este libro es tan inmenso, y la mente humana tan pequeña, que tal vez lo más sensato sea renunciar al intento de abarcar este enorme tapiz de la verdad. Quizá lo mejor que se puede hacer es remitirse únicamente a las Escrituras, el conjunto de verdad más sabio que se haya entregado a la humanidad y el más imperecedero. Todo lo demás tiene su día y desaparece, excepto las Escrituras, que tienen vida eterna.

Verán, el Nuevo Testamento fue escrito por personas sumamente inteligentes. Pablo de Tarso fue uno de los hombres más brillantes del mundo antiguo. De hecho, los eruditos han dicho que es uno de los más grandes intelectos de todos los tiempos. Y nadie lo consideró nunca como una personalidad histérica.

Cuando Pablo escribió algo, escribió los hechos. El otro escritor que trabajó junto con él fue un hombre llamado Lucas, y era médico. En las comunidades de esa época, el médico era el hombre más instruido de la población. Juan, otro discípulo, también era un hombre dotado. Juan, Lucas y Pablo tenían una maravillosa destreza para escribir. Poseían el don de estar capacitados para escribir la mayor verdad en la forma más sucinta. Nada igual a eso, antes o después, ha aparecido en la literatura universal. Estos hombres eran genios inmortales.

Por lo tanto, cuando abordan un tema de gran importancia, lo tratan con toda sencillez. Y he aquí lo que dicen: Un hombre llamado Jesucristo, el Hijo de Dios, fue crucificado hasta que murió. Su cuerpo se desclavó de la cruz y se colocó en una tumba. Después de tres días, Él, Jesús, se levantó de entre los muertos. Y como prueba de esto, se apareció a muchas personas en diversas circunstancias durante un periodo de seis semanas.

Una vez se apareció como un cuerpo ante una reunión de 500 personas. Ahora bien, no se puede engañar a 500 personas cuando aparece un hombre ante ellas. Ellas lo vieron. Muchas de esas personas siguieron viviendo 30 o 40 o 50 años después del suceso. Y Lucas y Pablo recurrieron a ellas como testigos presenciales del hecho de que Jesús resucitó de entre los muertos.

Asimismo, se apareció en salones donde estaban reunidos los discípulos, y ellos se atemorizaron. Jesús les dijo: "¿Qué pasa con vosotros? ¿No me véis? ¿Tenéis dudas? ¿Dónde está vuestra comida? Dadme algo de comer". Y los discípulos lo observaron mientras ingería realmente los alimentos.

Pues bien, un fantasma o una aparición no come alimentos. Sin embargo, aun así, algunos de ellos sintieron dudas. Por lo que Jesús dio el paso final: "Tocadme, sentidme. Ved las cicatrices en mis manos y en mis pies. Sentid mi cuerpo". Y lo hicieron, y todos coincidieron en que Él estaba vivo.

Cientos de años más tarde, J. B. Phillips, un gran erudito de Oxford, tradujo el Nuevo Testamento a lenguaje moderno. En el curso de esta empresa, examinó, como ningún hombre lo había hecho antes, cada documento, antiguo y moderno, relacionado con la resurrección de Jesucristo de entre los muertos. Y el doctor Phillips, uno de los eruditos modernos más sobresalientes, afirmó que no hay una sombra de duda, todo es verdad. Realmente es un hecho que Jesucristo resucitó de entre los muertos. Sobre esto se ha construido la religión cristiana. Sin este hecho no podría existir.

Las Escrituras prosiguen para decirnos algo a ustedes y a mí. Este mismo Jesucristo, quien resucitó de entre los muertos, nos dijo, y nunca nadie ha dicho nada más grandioso en toda nuestra existencia: "Porque Yo vivo, vosotros viviréis". ¿Qué piensan ustedes respecto a esto? Como se dice en el lenguaje popular, es algo increíble.

Todo esto lo pueden encontrar en los escritos de Lucas, en los escritos de Juan y en los escritos de Pablo. Toda la historia se condensa en unas cuantas secciones del Nuevo Testamento.

Un día fui con mi padre y mis hermanos, mi esposa y las esposas de mis hermanos a un pequeño pueblo cerca de Cincinnati para sepultar el cuerpo de mi bienamada madre en el lote familiar del cementerio. Mi madre fue una ferviente cristiana que amaba realmente al Señor. Luego, regresamos al hogar familiar en Canisteo, Nueva York, situado en medio de las gloriosas colinas de la parte sur; nos sentamos juntos ahí; en esa casa de la cual nos habíamos llevado su cuerpo.

Mi padre se volvió hacia mi hermano Leonard, quien también era ministro:

—Lee para nosotros todo lo que puedas encontrar en el Nuevo Testamento acerca de la resurrección.

Leonard era un buen estudioso de la Biblia y leyó el relato de cada uno de los Evangelios. Mi padre se emocionó tanto que se levantó de la silla y empezó a pasear de un lado a otro de la habitación.

—¿Saben algo? —dijo—. Desde la parte superior de la casa se debía gritar lo siguiente: "¡Ana Peale no ha muerto!"

Nunca olvidaré mientras viva como resplandecía su rostro; todos estallamos en lágrimas de alegría. Recordamos que mi madre nos había leído eso toda nuestra vida. Y ella creía en esas palabras: "Porque Yo vivo, vosotros viviréis".

Ahora bien, en realidad la vida es ambos lados de la misma moneda. Hay vida en el otro lado y hay vida aquí, y todo está en la eternidad. La eternidad no es algo lejano en el futuro. La eternidad, si buscan la palabra en el diccionario, significa siempre. Por lo tanto, ahora estamos en la eternidad, en el lado mortal de la eternidad. Nuestros seres queridos que han fallecido están en el lado inmortal de ella.

¿Y qué podemos creer acerca de su estado en ese otro sitio? ¿Y cuál será fundamentalmente nuestro estado allá? De nuevo, las Escrituras nos lo dicen, y no hay otra literatura que sea más válida. Nos indican: "Yo soy la resurrección y la vida; quien cree en Mí, aunque muera, revivirá. Y todo el que crea en Mí, no morirá jamás".

Ésa es una declaración de suma importancia. Nuestros seres queridos no han muerto; el cuerpo, el cual era un instrumento que se usaba en la mortalidad, ha muerto. Sin embargo, en la inmortalidad, el cuerpo, como lo conocemos, no es necesario. San Pablo se niega a especular sobre la clase de cuerpo que tendremos en el otro lado, pero la personalidad será reconocible y estará viva. Tal vez incluso esté sobrepuesta, en otra dimensión, en una existencia de la cual ahora somos una parte, porque percibimos indicaciones y revelaciones de personas vivas en el otro lado.

Dos personas que estuvieron conmigo en la universidad se casaron después de la graduación y se mantuvieron en contacto conmigo desde entonces. Él fue oficial del ejército de Estados Unidos en la Primera Guerra Mundial, un sujeto estupendo, robusto, tosco y falto de imaginación. Sobrevivió a la guerra y volvió a casa con honores distinguidos. Después, vino la Segunda Guerra Mundial y su hijo, su único hijo, un joven maravilloso, participó en la contienda y murió.

Fui a visitarlos. Sentados en la biblioteca de su casa, noté dos retratos en la pared; en uno, el padre, con el uniforme del ejército de Estados Unidos en la Primera Guerra Mundial; en el otro, el hijo, con el uniforme del mismo ejército en la Segunda Guerra Mundial. Hablamos acerca de nuestra larga amistad y traté de consolarlos.

Mary, la esposa, en un tono maternal empezó a recordar los días en que su hijo era un niño pequeño. La forma en que lo describía era fascinante. ¿Qué hay más absorbente en el mundo que un niño pequeño? Sólo una cosa, ¡una niña pequeña! Los niños y niñas pequeños son maravillosos. Esta madre describía a su hijo como muy apuesto: cabello despeinado, rostro con pecas y una bonita sonrisa. Y añadió:

—Siempre estaba silbando. Desde que era chico, siempre estaba silbando. Llegaba de la escuela, soltaba los libros, dejaba su abrigo sobre una silla y lanzaba su gorra al perchero del vestíbulo —y pensativamente, expuso—: Nueve de cada diez veces le atinaba al perchero y la gorra se quedaba colgada ahí. Después se reía y subía las escaleras silbando.

"Incluso cuando creció y se fue a la guerra, lo último que recuerdo fue su silbido mientras me rodeaba con los brazos y decía: "Mamá, no te preocupes, te querré siempre".

En eso, se le saltaron las lágrimas y dijo:

—Nunca volveré a oírlo silbar.

Los tres que estábamos ahí guardamos silencio; después, débilmente, me pareció oír un silbido. Y, sin embargo, a duras penas podía creer en mis oídos.

—Saben, hace unos momentos pensé que oía que alguien silbaba.

El padre se llevó el gran puño al rostro y se frotó los ojos, limpiándose las lágrimas. Afirmó:

—Temía admitirlo, pero yo también oí un silbido. ¿Imaginación? ¿Fantasía?

¿Qué hay más profundo en este mundo que no sea el espíritu? Durante un periodo, cada uno de nosotros tiene un espíritu albergado en ese templo que llamamos nuestro cuerpo. Sin embargo, después de un tiempo, el cuerpo se desmorona y el espíritu se libera. Dios Todopoderoso, autor de este fabuloso mecanismo que es un ser humano, no va a ser tan poco imaginativo como para destruirlo. No tendría sentido. Y por eso se nos hizo la promesa: "Porque Yo vivo, vosotros viviréis".

La vida es maravillosa. Todos amamos la vida mortal. Como lo ha dicho con tanta certeza el doctor Arthur Caliandro, "debemos saborear cada minuto de vida, porque cada minuto es precioso". Y en realidad, tenemos relativamente pocos de esos minutos en nuestra vida, pero se nos recompensa con la gran promesa: "Porque Yo vivo, vosotros viviréis". Él cuidará de nosotros, como ha cuidado de nuestros seres queridos.

Mi esposa y yo visitábamos Inglaterra y fuimos un día a Chester, en Cheshire. Es una localidad con una muralla que rodea completamente la antigua ciudad. Esta muralla es lo suficientemente ancha para que caminen sobre ellas tres o cuatro personas juntas alrededor de toda la ciudad. Es un pueblo que tiene también filas de casas y tiendas que probablemente estén construidas sobre una antigua muralla romana. Y hay una arcada, como la famosa de Thun en Suiza.

Sin embargo, fue una catedral la que me causó una impresión más profunda. Está hecha de piedra arenisca de un tono pardo, muy antigua, construida alrededor del año 1000 d. C. Ese día había un concierto, y Ruth y yo entramos. Una gloriosa luz de sol atravesaba las hermosas vidrieras de colores, iluminando las antiguas piedras desgastadas.

Después de nosotros, entraron cuatro personas de edad avanzada. Uno de los hombres y una de las mujeres apenas podían caminar. Los otros dos los ayudaban bondadosamente, aun cuando parecían ser, más o menos, de la misma edad. Se instalaron uno o dos asientos delante de nosotros, muy delicados, muy frágiles, muy ancianos. En eso, me di cuenta de que la luz que provenía de la vidriera se derramaba sobre cada cabeza como una bendición y una gloria: cuatro ancianos de cabello blanco en una catedral antigua.

Mientras los observábamos, uno de los hombres extendió su mano nudosa y vieja y tomó la pequeña mano de su esposa y la sostuvo como lo debe de haber hecho cuando tenían 18 o 19 años de edad. En eso, empezó a oírse la música del órgano de la catedral y, por último, entonó el viejo himno:

> Oh, Dios, nuestra ayuda en tiempos pasados.
> Nuestra esperanza para los años por venir.
> Nuestro refugio cuando amaga la tormenta.
> Y nuestro hogar eterno.

Y mientras miraba a los cuatro ancianos, comprendí que no pasaría mucho tiempo antes de que Dios se los llevará al hogar eterno. En el transcurso de los años deben de haber escuchado esta promesa: "No se turbe vuestro corazón, ni permitáis que tema". Y, de nuevo: "En la casa de mi Padre hay muchas moradas; y si no, os lo habría dicho. Voy a preparar lugar para vosotros... a fin de que donde Yo estoy, estéis vosotros también".

Seguramente habrán oído muchas veces: "Ya no volverán a tener hambre, ni sed tampoco; ni la luz del sol los alumbrará, ni el calor. El Cordero que está en medio del trono los alimentará y los conducirá a las fuentes de aguas vivientes, y Dios enjugará todas las lágrimas de sus ojos".

¿De dónde provienen estas maravillosas palabras? Del Libro más confiable que se haya escrito. Es el Libro que los ha guiado desde su niñez y conforme al cual, finalmente, morirán y vivirán de nuevo.

Este argumento no es científico, ni filosófico, ni oculto. Esta verdad proviene de la Sagrada Biblia. Y yo la creo porque nunca me ha decepcionado. "Porque Yo vivo, vosotros viviréis." Sin embargo, hay otra forma gloriosa de apreciar esta promesa: ahora estamos en el otro lado de la vida. Debemos vivir ahora. Si ahora no vivimos, no viviremos después. La resurrección se refiere al "ahora" y al "después". Debemos asumir esta vida y convertirla en algo que sea meritorio.

12

"Que tengas un feliz para siempre"

El auto que iba transitando delante del mío llevaba una calcomanía en el parachoques que incitaba a reflexionar. Decía: "Que tengas un feliz para siempre".

Esto, desde luego, es precisamente lo que se les promete a aquellos que creen en Cristo y conservan la fe. Se les promete un feliz para siempre. ¿Acaso no dice Él "Yo soy la resurrección y la vida; quien cree en Mí, aunque muera, revivirá. Y todo el que crea en Mí, no morirá jamás"? Dios promete un para siempre; y, más que eso, promete una vida que es nueva para siempre. Y la muerte, como lo expresa John Milton, es "la llave dorada que abre el palacio de la eternidad".

¿Con cuáles prendas podemos entrar en esa forma de vida? Primero, con la comprensión de que éste es un universo dinámico y vivo, en el cual predomina el principio de la vida. ¡En la naturaleza, la vida no puede aniquilarse! Los azafranes y los narcisos regresan todos los años, independientemente del clima. Regresan porque se apegan al principio de la vida. ¡Es indudable que si la vida continúa en la naturaleza, el alma del hombre también prosigue! William Jennings Bryan lo expuso muy certeramente en esta forma:

> A todas las cosas creadas, Dios les ha dado una lengua que proclama una resurrección. Si el Padre se digna tocar con poder divino el corazón frío e inerte de la bellota enterrada, y la hace brotar de los muros de su prisión, ¿dejaría abandonada al alma de un hombre, que está hecho a imagen de su Creador?
>
> Si Él concede al capullo de rosa, cuyas flores marchitas flotan en la brisa, la dulce seguridad de otra primavera, ¿retendrá las palabras de esperanza para los hijos de los hombres, cuando lleguen las heladas del invierno?
>
> Si la materia, muda e inanimada, si bien cambiada por la fuerza de la naturaleza en una multitud de formas, nunca puede morir, ¿el espíritu imperial del hombre sufrirá el aniquilamiento después de una breve estancia, como un huésped real, en esta morada de arcilla? Más bien, permítasenos creer que Él —quien en Su aparente prodigalidad no desperdicia ni una gota de lluvia, ni una brizna de hierba, o el céfiro susurrante de la noche, sino que hace que todos ellos cumplan con Su plan eterno— ¡le ha otorgado la inmortalidad al mortal!

Desde luego, nadie quiere realmente morirse; el instinto de conservación de la vida es parte integral de cada uno de nosotros. Nos aferramos a la vida el mayor tiempo que podemos. Ésa es la forma en que Dios lo dispuso, ya que, si no fuese así, tal vez nos rendiríamos, como lo han hecho algunas personas en una aberración. Sin embargo, Dios comprende la aberración y confía en la normalidad de la mente humana. No obstante, existe evidencia fundada de que ese estado que llamamos muerte no es el final, sino sólo una transición. "Esta vida de aliento mortal", dijo Longfellow, "no es más que un suburbio de la vida elísea, a cuyo portal llamamos muerte".

Hace poco tiempo se efectuó una reunión científica en la cual el continuo, o la continuación de la vida, se reconoció como un elevado principio científico. Y recientemente leí una interesante discusión que sostuvo un grupo de cinco médicos de prestigio sobre sus experiencias con personas agonizantes. Los cinco doctores coincidieron en una creencia absoluta en la vida después de la muerte.

Se habló sobre el caso, por ejemplo, de la señora Betty Patterson, una viuda de 76 años de edad, que estaba muy enferma y que, según su médico, falleció. "Tenía una desgarradura en el apéndice y su cuerpo estaba lleno de veneno", dijo el doctor. "Aun cuando logramos revivirla, de acuerdo con todas las normas médicas, estuvo muerta durante unos cuantos minutos."

Cuando la señora Patterson abrió los ojos, lo primero que expresó fue: "Doctor, nunca más volveré a tener miedo de morirme, me sentía como si estuviese flotando. Estaba situada encima de mi cuerpo. Podía mirar hacia abajo y ver mi cuerpo rodeado por los doctores y las enfermeras. Me atrajeron los sonidos de una música preciosa y unas hermosas escenas que no puedo describir en detalle, sólo el impacto que me causaban. Quería moverme en dirección de esa belleza. Nunca sentí tanta paz en toda mi vida. No parecía que caminara; parecía que estaba sobre el suelo. Pero la puerta se cerró gradualmente y regresé".

El segundo caso fue el de una joven pareja —una madre joven, de 30 años, con dos hijos, y su esposo—. Iban en un automóvil con la intención de visitar a unos amigos, cuando su auto se estrelló contra un enorme remolque. El marido murió instantáneamente y su esposa perdió una gran cantidad de sangre, lo que la puso a las puertas de la muerte. Ella, también, según su médico, había abandonado este mundo; pero el genio de la ciencia médica logró que regresara. Su corazón había dejado de latir y se requirió que un equipo de expertos trabajara durante cinco minutos para revivirla. Cuando el doctor se dio cuenta de que estaba viva, le cruzó la mente un pensamiento abrumador: "Ahora debo decirle que su esposo ha muerto", y sintió una gran aflicción.

Sin embargo, cuando la paciente abrió los ojos, le dijo al médico: "Doctor, no es necesario que se preocupe. Sé que John está muerto". Explicó que había visto a su marido cuando ella misma había muerto. "Parecía que flotaba a lo lejos y, de pronto, me encontraba en una vereda. John me sonrió y me tomó de la mano y caminamos por un espacio junto a la vereda. Después, gentilmente, me hizo dar la vuelta y me dijo que regresara por un tiempo. No estoy preocupada por él porque sé dónde está; sé que es feliz y sé que lo veré de nuevo".

Otro hombre, llamado James Lorne, tuvo un ataque cardiaco mortal. Aparatos especializados le ayudaban a realizar todas sus funciones corporales, mientras los doctores daban masaje a su corazón y trataban de revivirlo. Lorne no había sido un hombre muy religioso y más bien era un escéptico.

Durante esta experiencia, se encontró en el final de un largo corredor donde, ante sus ojos, se desplegaban escenas de belleza impresionante. Lorne relató lo siguiente: "Nunca me había sentido tan lleno de paz en toda mi vida. En eso, se cerró la puerta del corredor y miré a mi esposa y a mis hijos, quienes se veían muy preocupados, y yo me preguntaba cuál sería la razón; después lo supe: se me había enviado de regreso. Es difícil explicarlo, pero lo que me sucedió fue extraño y maravilloso. Llámenlo Dios, llámenlo amor; mi existencia ha sido infinitamente más rica desde esa experiencia. Algo ha cambiado muy profundamente en mi vida".

Ahora bien, cito estos incidentes que nos han relatado hombres científicos de gran prestigio, y podría citar fenómeno tras fenómeno en este campo. En todos ellos se da esa elevación fuera del cuerpo; siempre hay notas de música hermosa y escenas embelesantes de belleza; siempre hay una gran paz.

¿Piensan acaso que Dios Todopoderoso crearía un ser humano, con su sensibilidad de mente y espíritu, para dejarlo morir y que esté destinado a desaparecer? Jesús dice: "En la casa de mi Padre hay muchas moradas... Donde Yo estoy, estaréis vosotros también". Pueden ustedes estar seguros de que los seres queridos que ya han partido están bajo Su tierno y amoroso cuidado y que ustedes también lo estarán, cuando llegue el momento.

Estaba leyendo un relato escrito por Cecil B. DeMille, quien fue en un tiempo uno de los genios cinematográficos más grandes en Estados Unidos, un hombre muy sensible, con una mente muy espiritual. Decía que un día de verano se encontraba en Maine, en una canoa en un lago en la profundidad de los bosques. Estaba solo. Quería trabajar en un guión y dejó que la canoa flotara a la deriva mientras él escribía. De pronto, descubrió que estaba en unas aguas muy bajas, con una profundidad de alrededor de diez centímetros, cerca de la orilla, y en el fondo del lago pudo ver claramente numerosos escarabajos de agua. Uno de ellos avanzó a rastras hasta salir del agua y meterse en la canoa, donde hundió sus garras en el maderaje del casco y ahí murió.

Tres horas más tarde, todavía flotando bajo el ardiente sol, DeMille observó un extraordinario milagro. De repente notó que la concha del escarabajo de agua se estaba reventando. De entre las grietas surgió una cabeza húmeda, seguida por alas. Por último, la criatura alada abandonó el cuerpo muerto y voló en el aire, recorriendo en la mitad de un segundo una distancia mayor de la que el escarabajo de agua podría cubrir arrastrándose todo un día. Era una libélula; sus hermosos colores relucían con la luz del sol. La libélula voló sobre la superficie del agua, pero los escarabajos que estaban debajo no podían verla.

¿Creen que Dios Todopoderoso haría eso por un escarabajo de agua y no lo haría por ustedes?

En cada uno de nosotros hay algo que tiene significado. Y cuando llegue la hora en que se deshaga el cuerpo físico, pensemos en una grieta que se abre y cada uno de nosotros y nuestros seres queridos avanzaremos hacia una hermosa paz y alegría. No tengan miedo, porque poseen una vida que es nueva para siempre.

Sin embargo, amigos míos, lo más glorioso de todo es que no necesitan esperar a morirse para que les sucedan hechos maravillosos. ¡La vida es continuamente gloriosa! Toda mi vida he estado tan emocionado porque he visto muchas personas muertas que vuelven a la vida, una tras otra. Estaban muertas en sus pensamientos, estaban muertas en sus odios, estaban muertas en sus pecados, estaban muertas en sus derrotas, estaban confundidas; y de pronto, encontraron a Cristo y resucitaron. La resurrección no significa una nueva vida después de la muerte física; ¡la resurrección significa *ahora*!

Dios hizo esta vida. Y también la otra, más plena. Ambas son parte de un todo. Están entretejidas juntas en una tela completa. Por lo tanto, si esta vida es buena, la otra también lo será. Tendrá sus retos, así como esta vida tiene dificultades. Si la vida no tuviese problemas, no sería buena, pues son las contrariedades las que nos hacen crecer. Y no podemos fortalecernos sin resistencia, aflicciones, dilemas, frustración. Del mismo modo, así como tienen problemas aquí, en el otro lado habrá tareas que los harán crecer, ya que, de otra forma, no sería interesante.

Solía escuchar a algunas personas que decían que la vida más plena sería dulce, agradable, hermosa. Lo único que se tenía que hacer todo el día era tocar el arpa. Pues bien, la Biblia no dice eso. Sólo cuatro criaturas vivientes que guardan el trono de Dios son las que tocan el arpa. En ninguna parte de la Biblia encuentro que se toque el arpa. ¡Y eso me agrada, porque me desanimaría sobremanera la idea de tener que pasar la eternidad tocando el arpa!

Lo más importante que dice la Biblia es que Dios está ahí, que Jesús está ahí. Y si Dios y Jesús están ahí, el cielo es un buen lugar. Pienso que todo está vinculado. Y muchos eruditos serios sugieren que la vida más plena está sobrepuesta a la que tenemos en la actualidad.

Tengo conocimiento acerca de dos profesores que han investigado este tema. Uno es Raymond Moody junior, quien escribió el libro *La vida después de la vida*. Es profesor adjunto de psiquiatría en el hospital de la Universidad de Virginia e imparte ética y lógica, y algo que yo nunca había oído antes: filosofía de la medicina.

Otro investigador es el profesor de psicología Kenneth Ring, de la Universidad de Connecticut. Estos hombres han dedicado años a analizar lo que llaman experiencias cerca de la muerte y han expuesto un patrón general. Una y otra vez, la persona que regresa de la muerte describe que el espíritu sale del cuerpo, e incluso que, desde lo alto, ve su cuerpo luego de abandonarlo. Casi siempre el espíritu se mueve a través de un túnel oscuro y llega a una luz gloriosa. De acuerdo con estos testimonios, hay un cuerpo, un cuerpo espiritual que ninguno de ellas describe exactamente. Informan que pueden ver más lejos de lo que era posible en la tierra. Pueden oír con mayor intensidad, su conciencia es más aguda, la percepción más profunda. Y ninguna de ella quiere regresar.

Esta investigación describe el concepto científico presente. Sin embargo, yo prefiero volverme hacia Jesús, quien dijo: "En la casa de mi Padre hay muchas moradas... voy a preparar lugar para vosotros". *Moradas* no significa "habitaciones", significa etapas de evolución; mientras crecemos, nos esforzamos: lo vamos a pasar estupendamente.

Con frecuencia pienso en mi hermano Bob. Crecimos juntos. Él era más joven que yo. Murió a la edad de 70 años. Una mañana, yo estaba impartiendo una plática a los empleados de la Fundación para la Vida Cristiana en Pawling, Nueva York. Entre el lugar donde yo me encontraba y la plaza frente a la casa donde Bob vivía y tenía su consultorio médico, había dos muros. De pronto, lo vi, tan real como cuando estaba vivo. Parecía tener 30 o 35 años de edad, y caminaba rápidamente cruzando la plaza.

Bob levantó la mano con el viejo ademán de saludo y me dijo: "No te preocupes por la muerte, diácono [el apodo que me había puesto]. No te preocupes en absoluto. Está bien". El mensaje significó mucho para mí. Estoy seguro de que, en efecto, encontraremos que la vida después de la muerte está bien si ustedes y yo estamos bien.

13

Aceptación de la inmortalidad

La vida es el mensaje más grandioso del que somos depositarios: una vida estimulante, activa, entusiasta, creativa, jubilosa, emocionante. Ése es el mensaje del cristianismo. Ése es el mensaje de la verdad imperecedera.

Muchas personas tienen un concepto muy sombrío de lo que es realmente el cristianismo. Algunas lo han usado para darle devoción a sus propios prejuicios, convirtiéndolo así en algo que no sólo carece de atractivo, sino que, básicamente, es falso. Y tal concepto las aleja de Dios.

Sin embargo, el cristianismo de Jesús, como lo enseñan Mateo, Marcos, Lucas, Juan y Pablo, es el verdadero. Y es *tan* maravilloso que su fortaleza continúa 2 000 años después de que se promulgó por primera vez en la tierra.

Cuán exaltado, melodioso y fabuloso debe de haber sido en esos días tempranos. En los tiempos antiguos, alguien describió al cristianismo como semejante al canto de las alondras y el murmullo de los arroyos. ¿El cristianismo que usted conoce se equipara a esa descripción? De no ser así, debe proponerse conocerlo como es realmente.

El Nuevo Testamento, el cual es la verdadera fuente de lo que es el cristianismo, dice que la vida es perdurable, que si usted cree en Cristo, no morirá. Pasará por una transición de una etapa de vida a otra, pero vivirá. Qué promesa tan hermosa. ¡Eso es algo maravilloso! En vez de estar satisfechos con nosotros mismos y ser rutinarios y conformistas, como cristianos debemos saltar de alegría y gritar desde los techos de las casas que no vamos a morir. Que la amada pareja que camina junto a usted no va a morir. Que su querido amigo, ese niño pequeño, ese ser tan querido, no va a morir. Eso es lo que dice el Nuevo Testamento y, en ninguna parte, nunca ha existido un documento que sea tan válido y creíble. Puede contar con ese hecho como algo indudable.

No obstante, no todo es tan fácil. El cristianismo no presenta una oferta general para todos. De acuerdo con el Nuevo Testamento, es la creencia en Cristo, la aceptación de Él como el Hijo de Dios, lo que garantiza la vida eterna. Ahora ya está usted en la vida eterna, ya que eterna significa siempre, ¿no es así? Por lo tanto, la vida eterna no empieza cuando uno se muere. Empieza cuando se acepta la eternidad, lo cual espero sinceramente que sea desde ahora.

Algunas de las personas más valiosas que he conocido, especiales, vigorosas, sensatas, cien por ciento honradas, han tenido la clase de fe que genera la inmortalidad. Una de ellas que me viene a la mente es el finado presidente Dwight D. Eisenhower. Tuve el privilegio de conocerlo bastante bien. Y cuando uno lograba pasar a través del aura de la presidencia y se veía al hombre que era en realidad, Ike era una persona de una grandeza verdadera. Sin embargo, probablemente fue uno de los presidentes más prácticos, estadounidense de corazón, que hemos tenido. Es posible que a Harry Truman se le pudiese colocar en esa misma categoría de líder. Fueron estadounidenses reales, ciudadanos normales, que tuvieron la oportunidad de ascender al puesto más elevado de la tierra. Estos hombres eran cristianos, cristianos creyentes.

El presidente Eisenhower me comentó que él decía sus oraciones todas las noches y todas las mañanas, y que su madre fue la persona más valiosa que había conocido en su vida; la consideraba muy preparada, pero con una preparación adquirida en la Biblia, no en la escuela. Y cuando uno se educa en la Biblia, se obtiene sabiduría. Ella tenía esa sabiduría.

Finalmente, como todos los mortales, Eisenhower cayó en su lecho de muerte. En alguna parte leí que Billy Graham fue a visitarlo, a asistirlo como pastor. Y Billy lo hizo en su propia forma maravillosa. Según el relato, llegó el momento en que le dijo adiós al general, se dirigió a la puerta y cuando tenía la mano en la perilla, oyó la débil voz del presidente que le decía:

—Billy, espera un momento, por favor. Sé que se acerca mi fin. ¿Un viejo pecador como yo podrá ascender a los cielos y ahí encontraré de nuevo a mi madre?

Billy contaba que se sintió muy conmovido. Se dio vuelta y permaneció de pie mirando al gran héroe y respondió:

—¿Señor presidente, general, hermano Ike, has aceptado a Jesús?

—Sí —contestó.

—¿Sabes que Él es el Hijo de Dios?

—Sé que Él es el Hijo de Dios —repitió el general.

—Te reunirás con tu madre en el paraíso, donde ella te está esperando.

Ésa es una fe cristiana en la inmortalidad, básica, firme y plenamente válida. Cuando usted confiesa sus pecados y acepta a Cristo, creyendo en Él como su Salvador, se vuelve eterno en su naturaleza; es inmortal en el alma.

Tengo un viejo amigo —digo viejo porque su cuerpo ha estado en esta tierra durante un largo tiempo—. Sin embargo, carece de poesía en su sistema. Su capacidad de sentimiento es profunda, pero la mantiene bajo control. Es un científico frío. Ha presenciado tres o cuatro revoluciones en México, ha cruzado el desierto del Sáhara montado en un camello y ha dormido bajo las estrellas del desierto.

Cuando está en la ciudad de Nueva York, siempre visita la iglesia Marble Collegiate. Hace algún tiempo, su familia me llamó para decirme que había sufrido una hemiplejía; su ritmo cardiaco era muy lento, la presión arterial muy baja y carecía por completo de reflejos. El doctor no le daba muchas esperanzas.

Ante esta situación, al igual que otras personas cercanas, empecé a orar por él. Ya sea que haya sido o no por nuestras oraciones, sus ojos se abrieron. En unos cuantos días le volvió el habla, su ritmo cardiaco casi recuperó la normalidad, la presión arterial se elevó a un nivel aceptable y sus músculos reaccionaron.

Mi amigo comentó:

—Tuve una maravillosa aventura. No sé lo que fue. De repente, no estaba en mis guaridas acostumbradas. Me encontraba en el lugar más atractivo que haya visto. Había luz en todo mi alrededor, una luz que tampoco vi antes. Veía rostros, confusamente revelados, rostros amables, y me sentí tranquilo y feliz. Me sentía tan bien que me dije a mí mismo: "Debo estarme muriendo; tal vez ya me morí. Pero si ya he muerto, ¿por qué he tenido miedo a la muerte toda mi vida? ¡Esto es maravilloso!"

Le pregunté cómo se sintió y si quería regresar.

—No percibía la más mínima diferencia —respondió—. Si acaso, hubiese preferido seguir adelante.

¿Alucinación? ¿Un sueño? ¿Una visión? No lo creo. He pasado muchos años hablando con personas que han llegado al borde y mirado hacia el otro lado.

¿Qué hay ahí, en el otro lado? Recuerden que Pablo dijo que Jesús "ha abolido la muerte y ha traído a la luz la vida y la inmortalidad por medio del Evangelio". Porque Él vive, nosotros también viviremos.

Éste es el mensaje más poderoso que hayamos recibido jamás.

A Benjamin Franklin se le reconoce como poseedor de uno de los cerebros más brillantes que haya existido en Estados Unidos. Si no hubiese sido por él, me pregunto si tendríamos la suerte de contar con la Constitución de este país, de la cual se dice que es el documento político más extraordinario en la historia de la humanidad. Franklin fue un hombre muy inteligente.

En una carta que escribió a una dama, Elizabeth Hubbard, fechada el 22 de febrero de 1756, en Filadelfia, Franklin diserta sobre este tema:

Querida niña:

Te acompaño en tu dolor, hemos perdido una relación muy querida y valiosa; sin embargo, es la voluntad de Dios y de la Naturaleza que se desechen estos cuerpos mortales cuando el alma está a punto de entrar en la vida real; más bien, es un estado embrionario, una preparación para la vida.

Un hombre no ha nacido por completo hasta que muere. ¿Por qué entonces debemos acongojarnos porque nace un nuevo hijo entre los inmortales? ¿Un nuevo miembro que se agrega a su sociedad feliz? El préstamo temporal de esos cuerpos es un acto de Dios, amable y benevolente.

Cuando llega el momento en que ya son inadecuados para estos propósitos y nos originan dolor en vez de placer —en vez de un apoyo, se convierten en una carga y ya no responden a ninguna de las intenciones para las cuales se nos dieron—, es igualmente amable y benevolente que se nos proporcione una forma de deshacernos de ellos: la muerte es esa forma precisamente.

Nosotros mismos, con frecuencia, elegimos prudentemente una muerte parcial. En algunos casos, se amputa voluntariamente un miembro mutilado, doloroso, el cual no puede restaurarse. Quien se extrae un diente, se separa de él sin ninguna reticencia, ya que así desaparece el dolor; y de esta forma, una persona entrega todo el cuerpo, y parte de esta tierra, ya que con esta capitulación se desvanecen todos los dolores y las posibilidades de dolor, todas las enfermedades y sufrimientos.

De ese modo, se nos invita a una fiesta fuera de este mundo, una fiesta de placer que durará para siempre. Tal vez un ser querido se ha ido antes que nosotros. Sería muy difícil que todos pudiésemos marcharnos juntos con toda comodidad, y por qué debemos afligirnos por esto, puesto que pronto vamos a seguirlo, y sabemos dónde encontrarlo.

Adieu.

Si yo lo mirara a usted, de pie entre un grupo de personas, vería frente a mí cuerpos hermosos. ¡Sin embargo, ése no es usted! No puedo verlo a *usted* —excepto por un destello en sus ojos, o una sonrisa en su rostro, o alguna otra expresión que sea un reflejo de su verdadero ser—. Somos espíritus, espíritus inmortales que viven en el medio del tiempo.

Por consiguiente, cuando su cuerpo deja de existir, ¿significa que *usted* ya no existe tampoco? Eso no tiene sentido, sencillamente. Por lo tanto, la respuesta es que, porque Él vive, nosotros también vivimos —si nos identificamos con Él y vivimos en Su patrón de vida—. Él es vida. Nosotros nos unimos a Él, y por esta razón, estamos en la vida.

14

Palabras para recordar

Hace algún tiempo, una valerosa dama se fue más allá del horizonte. Su nombre era Marian Kay, y su partida aconteció muy rápidamente después de la de Gordon, su esposo. Nunca olvidaré a esa pareja debido a la gran fe que profesaban, una fe con una calidad que penetraba en todos los que se relacionaban con ellos.

Gordon Kay me llamó un día por teléfono.

—Quiero que cure a mi esposa —dijo sencillamente.

—Pero yo no puedo sanarla —respondí—. Sólo Dios puede curar. Sin embargo, trataré de ayudarla conforme a la voluntad de Dios.

Cuando fui a verla, me contó acerca del tratamiento con cobalto y la marca que le habían colocado en el pecho y en la espalda para indicar dónde tenía que hacerse el tratamiento, si acudía a otro hospital.

Se abrió el cuello del vestido y me mostró una marca púrpura. Observé que era en forma de cruz y señalé ese hecho.

—¡Vaya, no me había dado cuenta! —una maravillosa expresión cruzó por su semblante. Ella, su esposo y yo nos tomamos las manos para orar. Yo coloqué una mano en su espalda sobre la cruz impresa ahí y la encomendé a Dios.

En el transcurso de los meses, Gordon, quien siempre había afirmado resueltamente que Dios tenía a su esposa en Sus manos, falleció de un súbito ataque cardiaco. Marian libró una valiente batalla por conservar la vida. Un día, cuando la visité en su habitación en el hospital, sus ojos se abrieron mucho.

—Nuestro Salvador entró con usted —dijo en su forma incisiva, siempre muy inteligente.

Más tarde manifestó que Él permanecía a su lado constantemente, y, en visitas subsecuentes, decía:

—Nuestro Salvador está aquí.

A partir de entonces, habló menos de recuperarse y más de lo mucho que amaba a "su Salvador".

Cuando, de manera definitiva, llegó el final de la lucha terrenal, Marian le dijo a su querida amiga Pat Buckley cuán llena de paz se sentía con Dios. Con toda seguridad, resonaron las trompetas cuando esta devota y fuerte mujer atravesó hacia el otro lado.

Uno de los grandes médicos y cirujanos de la ciudad de Nueva York, mi amigo el finado doctor William Seaman Bainbridge, practicó la medicina ahí durante muchos años.

Cuando estaba a punto de morir, mi esposa Ruth y yo fuimos a verlo. Él había significado mucho para nosotros y nuestra familia. Mientras este hombre robusto, que había curado a muchos, yacía en su lecho, con su esposa sentada a su lado, expresó:

—Me voy a ir al otro lado. Mi Señor me está llamando. No tengo miedo. Estoy preparado para irme.

La señora Bainbridge, llamándolo con el nombre afectuoso que siempre usaba, le dijo suavemente:

—Will, cuando llegues al otro lado, espérame y encuéntrame ahí.

Una sonrisa de reafirmación apareció en su rostro, y su voz, la cual se había vuelto débil, recuperó de nuevo la fuerza de otros tiempos.

—Ahí estaré, ahí estaré —declaró.

Me dispuse a partir. William levantó la mano en un acostumbrado ademán que conocíamos muy bien.

—Adiós, querido amigo —dijo—. Te veré en el otro lado.

Fue como si estuviésemos haciendo arreglos para encontrarnos en alguna cita concertada en la tierra. Sin embargo, él se sentía tan seguro acerca de un lugar de encuentro en el paraíso. Este hombre, uno de los científicos y hombres de medicina más respetados de nuestro tiempo, tenía una fe firme y segura, una fe que no admitía ninguna duda.

Lo que quiero subrayar es que la muerte no es el fin de la vida. Los grandes pensadores de cada generación han estado conscientes de las indicaciones de inmortalidad que han percibido siempre los espíritus sensibles. Sus palabras, reunidas aquí, espero que les brinden a ustedes consuelo y confianza.

No puedo decir, y no diré
que él ha muerto. Sólo está lejos.

Con una alegre sonrisa, y una señal de la mano,
se ha aventurado en una tierra desconocida.

Y nos deja soñando cuán justas
sus necesidades deben ser puesto que permanece ahí.

Y tú, oh, tú, que anhelas con intensidad
la pisada de los viejos tiempos y el alegre regreso,

piensa en él gozando, tan querido
en el amor de ahí como el amor de aquí;

piensa en él igual que siempre, yo digo;
no está muerto, ¡sólo está lejos!

JAMES WHITCOMB RILEY

No gastes lágrimas en las penas de ayer.

EURÍPIDES

Porque es necesario que esto corruptible se vista de incorruptibilidad, y esto mortal se vista de inmortalidad. Cuando esto corruptible se haya vestido de incorruptibilidad, y esto mortal se haya vestido de inmortalidad, entonces se cumplirá la palabra que está escrita: La muerte es engullida en la victoria. ¿Dónde quedó, oh muerte, tu aguijón? ¿Dónde, oh muerte, tu victoria?

1 CORINTIOS 15:53-55

"¿Por qué debemos temer a la muerte?", dijo un hombre una vez. "Es la forma más fina de aventura en la vida." Estas palabras no fueron pronunciadas por algún ministro religioso, situado firmemente de pie en su púlpito el Día de Pascua, rodeado por flores y con himnos jubilosos resonando en sus oídos. Tampoco fueron pronunciadas por un hombre sentado en la suave comodidad de su sillón ante el fuego de la chimenea al final de una deliciosa velada. Provinieron de los labios de Charles Frohman en la cubierta del *Lusitania* cuando el gran barco se aproximaba al desastre. Sentía que había desaparecido toda esperanza terrenal, y éstas fueron sus últimas palabras a un grupo de amigos que esperaban compartir su destino.

CHARLES REYNOLD BROWN[1]

¡Júbilo, compañero de a bordo, júbilo!
(Mi alma complacida clama a la muerte.)
Nuestra vida se cierra, nuestra vida empieza,
el largo, largo anclaje abandonamos.
¡La nave está libre al fin, y salta!

---

[1] Reimpreso con permiso del libro *Living Again*, de Charles Reynold Brown, publicado por Harvard University Press.

Velozmente zarpa de la playa.
¡Júbilo, compañero de a bordo, júbilo!

WALT WHITMAN

...pues en Él vivimos y nos movemos y existimos.

HECHOS 17:28

Siento dentro de mí la vida futura. Soy como un bosque arrasado; los nuevos retoños son más fuertes y vigorosos. Sé con certeza que me elevaré a los cielos. Los rayos del sol bañan mi cabeza. La tierra me da su generosa savia, pero los cielos me iluminan con el reflejo de mundos desconocidos. Algunos dicen que el alma sólo es resultado de los poderes físicos. ¿Por qué, entonces, mi alma se vuelve más brillante cuando empiezan a desgastarse mis poderes físicos? El invierno está sobre mí, pero la eterna primavera habita en mi corazón. Incluso ahora inhalo la fragancia de las lilas, violetas y rosas, al igual que lo hacía cuando tenía veinte años.

Cuanto más me acerco al final, más clara es el alma de sinfonías inmortales de mundos que me invitan. Es maravilloso y elemental, a la vez. Es un cuento de hadas; es historia.

Durante la mitad de un siglo he traducido mis pensamientos en prosa y verso; historia, filosofía, drama, romance, tradición, sátira, oda y canción; todo eso he intentado. Sin embargo, siento que no he dado expresión a la milésima parte de lo que guardo dentro de mí. Cuando vaya a la tumba, puedo decir como otros han dicho: "Mi trabajo del día está acabado". Pero no puedo decir: "Mi vida está acabada". Mi labor del día volverá a comenzar la siguiente mañana. La tumba no es un callejón sin salida; es una vía pública. Se cierra en el crepúsculo, pero se abre al amanecer.

VÍCTOR HUGO

No pido a la inmortalidad que me muestre el polvo que resucita; estoy consciente de la vida eterna.

THEODORE PARKER

La muerte no es extinguir la luz; sólo consiste en apagar la lámpara porque ha llegado el Amanecer.

RABINDRANATH TAGORE

Aun cuando mi alma se hunda en la oscuridad, resucitará a la vida perfecta;
he amado a las estrellas con tan intensa devoción como para temerle a la noche.

ATRIBUIDO A UN ASTRÓNOMO ANCIANO

Algunas veces nos felicitamos en el momento de despertar de un sueño atribulado: tal vez sea así en el momento posterior a la muerte.

NATHANIEL HAWTHORNE

¡Envejece junto conmigo!
Lo mejor está todavía por venir,
el final de la vida, para el cual se hizo el inicio;
nuestros tiempos están en las manos de quien dijo:
"Un todo yo planeé,
la juventud sólo muestra la mitad; confíad en Dios:
ved todo, ¡no temáis!

ROBERT BROWNING

Yo soy la resurrección y la vida; quien cree en Mí, aunque muera, revivirá.

JUAN 11:25

Aquellos que aman más allá del mundo nada los puede separar. La muerte no puede matar lo que nunca muere, ni los espíritus pueden ser divididos cuando aman y viven en el mismo principio divino.

WILLIAM PENN

Los rescoldos del día son rojos
más allá de la colina lóbrega.
La cocina humea; el lecho
en la casa anochecida está tendido;
el gran cielo se oscurece en lo alto,
y los inmensos bosques se llenan de ruido.
Tan lejos se me ha conducido,
Señor, por tu voluntad:
tan lejos he seguido, Señor, y aún me asombro.
La brisa de la tierra embalsamada
sopla de repente hacia la playa,
y toca a la puerta de mi cabaña.
Escucho la llamada, Señor. Comprendo;
bajo tu mando, la noche
se instala. Comeré y dormiré y no dudaré más.

ROBERT LOUIS STEVENSON

No viviré hasta que haya visto a Dios; y cuando lo haya visto, nunca moriré.

JOHN DONNE

Porque Yo vivo, vosotros viviréis.

JUAN 14:19

Ella sólo se ha ido un poco antes
para preparar un hogar para mí.
Habrá cortinas ondeando,

y libros, como solía haber;
cuadros, un escritorio y mesas, lo mejor,
donde a los amigos les encantará venir...
Sólo se ha ido como lo haría una madre
para encontrar un nuevo hogar para mí.
Sólo se ha ido, como otros,
que se desvanecen a nuestra vista,
otros cuyas vidas se enlazaban con las nuestras
hasta ese misterioso vuelo.
Nadie me declarará su muerte
—mi soledad deploro—,
oh, es muy de ella irse antes
para abrir la puerta nueva.
Sólo se ha ido un poco antes
para buscar para mí el lugar más hermoso;
habrá ahí rosas doradas
floreciendo en el espacio celeste.
Amapolas, pensamientos y narcisos
y musgo que gozaré al pisarlo.
¡Oh, madre! Ahora me queda claro,
sólo te has ido un poco antes.

ANGELA MORGAN[2]

Muchas vidas se han endurecido por la constante expectativa de la muerte. Es la vida lo que debemos atender, no la muerte. La mejor preparación para la noche es trabajar diligentemente mientras dura el día. La mejor preparación para la muerte es la vida.

GEORGE MACDONALD

Pasa tu momento breve conforme a la ley de la naturaleza, y saluda con serenidad el final del viaje, así como cae la acei-

---

[2] Reimpreso con permiso de *Creator Man*, de Angela Morgan, publicado por Dodd, Mead and Company, Inc.

tuna cuando está madura, bendiciendo la rama que dejó desnuda, y dando gracias al árbol que le dio vida.

MARCO AURELIO

En el fondo de un viejo estanque vivían unas larvas que no podían entender por qué no regresaba ninguno de sus grupos después de escalar los tallos de los lirios hasta la orilla del agua. Se prometieron unas a otras que la siguiente a quien se llamara para efectuar el ascenso regresaría y contaría lo que le sucedió. Muy pronto, una de ellas sintió un apremiante impulso de buscar la superficie; descansó sobre un lecho de lirios y experimentó una gloriosa transformación que la convirtió en una libélula con hermosas alas. En vano trató de cumplir con la promesa. Volando de un lado a otro sobre el estanque, atisbó a sus amigas debajo del agua. Después se dio cuenta de que, aun cuando pudiesen verla, no reconocerían a esa criatura radiante como una de su grupo.

El hecho de que no podamos ver a nuestros amigos o comunicarnos con ellos después de la transformación, ésa que llamamos muerte, no es prueba de que hayan cesado de existir.

WALTER DUDLEY CAVERT[3]

Porque sabemos que si nuestra morada terrestre, este tabernáculo, se desmorona, tenemos de Dios un edificio, una casa no hecha con las manos, eterna, en los cielos.

2 CORINTIOS 5:1

Un hombre bueno nunca muere;
en actos loables y oración
y manos útiles, y ojos honrados,
si sonrisas o lágrimas están ahí;
quien vive para ti y para mí,

[3] Reimpreso con permiso.

vive para el mundo que procura
ayudar, vive eternamente.
Un buen hombre nunca muere.

Quien vive valerosamente para aceptar
su parte de pérdidas y tensión
y por el bien de su prójimo más débil,
vuelve menor cada carga.
Tal vez, al fin, parece cansado;
yace caído —manos y ojos
doblegados—, sin embargo, aun cuando
lo lloramos y lloramos,
un buen hombre nunca muere.

JAMES WHITCOMB RILEY

Oh, nunca una estrella
se ha perdido; aquí
todos aspiramos a los cielos, y los cielos
están sobre nosotros.
Si sucumbo
en inmenso y oscuro mar de niebla,
es tan sólo por un tiempo: ciño la lámpara de Dios
contra mi pecho; tarde o temprano su esplendor
cruzará las sombras y al fin emergeré un día.

ROBERT BROWNING

No creemos en la inmortalidad porque la hayamos comprobado, sino que siempre intentamos probarla porque creemos
en ella.

JAMES MARTINEAU

Como una madre cariñosa al terminar el día
a su pequeño lleva a la cama de la mano,
medio dispuesto, medio renuente a ir,

y en el piso deja sus juguetes rotos,
mirándolos aún por una rendija,
no del todo tranquilo ni consolado
por la promesa de otros en su lugar,
quizá más espléndidos, quizá menos deseados;
así nos trata la Naturaleza, y toma
nuestros juguetes uno por uno, y de la mano
a descansar nos lleva con tal gentileza, que
nos dejamos conducir
sin saber apenas si deseamos irnos o quedarnos,
casi vencidos por el sueño para entender
cuán lejos lo desconocido trasciende lo que
conocemos.

HENRY WADSWORTH LONGFELLOW

Te rogamos Señor, Oh Cristo, que nos mantengas bajo el hechizo de la inmortalidad.

Que nunca jamás pensemos o actuemos como si Tú estuvieses muerto. Concédenos conocerte más y más como un Señor viviente que ha prometido a aquellos que creen: "Porque Yo vivo, vosotros viviréis también".

Ayúdanos a recordar que estamos orando al Conquistador de la Muerte, que no debemos temer o desalentarnos por los problemas y amenazas del mundo, puesto que Tú lo has dominado.

En Tu poderoso nombre, pedimos Tu presencia viviente y Tu poder victorioso. Amén.

PETER MARSHALL

Esta obra se terminó de imprimir
en abril de 1997, en
Diseño Editorial, S.A. de C.V.
Bismark 18
México 13, D.F.

La edición consta de 6,000 ejemplares